Petit traité de bientraitance

DES MÊMES AUTEURS

Nicole Aknin

« Démarches éducatives et relationnelles », in *Les Cahiers de l'infirmière*, ouvrage collectif, Masson, 2002.

Jacques Schecroun

– en français :

Conte :
La Lumineuse Histoire du prince qui manquait de tout, Albin Michel, 2008.

Essais :
Une autre façon d'aimer, Éditions de l'Homme, 2015.

Jeunesse :
Le Prince qui manquait de tout, Albin Michel Jeunesse, 2017.

Romans :
Pardonne, aime et revis, Leduc, 2019.
Le Procès de Spinoza, Albin Michel, 2021.
Le Procès de Jésus, Albin Michel, 2022.

– en espagnol :

Un Empujoncito, Penguin Random House (ex. Aguilar), Madrid, 2007.

– en anglais :

The Wondrous Tale of the Prince Who Never Had Enough, Waterside Publishing, San Francisco, 2015.

Nicole Aknin
Jacques Schecroun

Petit traité de bientraitance

Et si la vie voulait le meilleur pour nous ?

PLON
www.plon.fr

Cet ouvrage a été édité précédemment sous le titre :
Et si la vie voulait le meilleur pour vous ?

92, avenue de France
75013, Paris
Tél. : 01 44 16 09 00
Fax : 01 44 16 09 01
www.plon.fr
www.lisez.com

Dépôt légal : novembre 2024
ISBN : 978-2-259-32063-4
Mise en pages : Nord Compo

À la vie.

« [J]e ne tire point ces règles des principes
d'une haute philosophie, mais je les trouve
au fond de mon cœur [...]. »

Jean-Jacques Rousseau,
Profession de foi d'un vicaire savoyard

« Tenter de donner conscience aux hommes
de la grandeur qu'ils ignorent en eux. »

André Malraux,
Le Temps du mépris

INTRODUCTION

« Ce merveilleux malheur[1]. »

Boris Cyrulnik

Longtemps, nous n'avons pas eu conscience que nous négligions de nous bien traiter. Sans doute parce qu'au fond de nous, nous pensions que, soumis aux événements ou dépendant des autres, nous n'en avions pas le pouvoir. Encore moins avions-nous conscience que nous nous maltraitions. Et comment, d'ailleurs, pouvions-nous l'admettre ?

Longtemps, de même, la possibilité que la vie puisse vouloir le meilleur pour nous est demeurée en dehors de nos cadres de référence, et cela d'autant plus que les épreuves ne nous avaient pas épargnés et que notre passé était la preuve évidente du contraire.

Au début, nous devons l'avouer, nous avons, l'un et l'autre, résisté à l'idée qui nous paraissait saugrenue que nous nous maltraitions nous-mêmes. C'était, à nos yeux d'alors, nous reconnaître masochistes. Nous avons résisté aussi à l'idée que la vie avait voulu le meilleur pour nous.

1. Boris Cyrulnik, *Un merveilleux malheur*, Odile Jacob, 2002.

C'était risquer, ce que nous ne voulions pas, de donner à la souffrance des lettres de noblesse.

Certes, nous avions pu constater que telles circonstances ou telles autres s'étaient finalement révélées être moins catastrophiques que nous ne l'avions d'abord éprouvé, notamment pour avoir permis un événement qui n'aurait pas eu lieu sans elles. Certes, nous avions pu voir, avec le recul, que cet échec qui nous avait tant désolés ou cette rupture qui nous avait tellement blessés s'était révélée, parfois, être une sorte de sésame. Une porte qui s'était fermée ici avait fait qu'une autre s'ouvre là. Certes ! Mais pas au point de laisser dire ni que nous nous maltraitions nous-mêmes ni que la vie avait voulu le meilleur pour nous !

D'une certaine façon, nous proclamions qu'il n'était pas question de profaner les maux qui nous avaient affligés, ni donc de leur trouver un sens qui les justifierait.

Et tout s'est passé alors comme si la vie nous disait : « Eh bien, vous allez voir ce que vous allez voir ! »

Et nous allions voir, en effet, que nous nous méprenions. Nous allions comprendre, petit à petit, qu'en lâchant nos résistances, non seulement nous ne déniions pas nos blessures, mais nous les respections davantage encore. Et nous allions comprendre aussi qu'en aucune manière cette démarche ne conduisait, ni de près ni de loin, à faire l'apologie de la souffrance. Nous allions comprendre surtout qu'en nous orientant ainsi, nous cessions de nous maltraiter nous-mêmes pour commencer à mieux nous traiter.

Certes, cela ne s'est pas produit d'un coup de baguette magique ni d'un simple claquement de doigts, loin de là. Il a fallu nous laisser faire, nous laisser escorter « à travers des kilomètres de corridors […] jusqu'au sous-sol », disait Freud, pour y « trouve[r] un palais de marbre », où « il [était] grand temps [que nous arrivions][1] ». Oui, vraiment, ce ne fut pas une promenade touristique, car dans ce sous-sol, évidemment, nous avons trouvé de l'obscurité, et nous ne savions pas que c'était par là, comme l'observait André Comte-Sponville, qu'il fallait commencer : « C'est pourquoi, ajoute opportunément celui-ci, beaucoup ne commencent jamais et tournent en rond aux portes d'eux-mêmes[2]. » Cela explique, sans doute, que nous ayons tant tardé à aller regarder au plus profond de nous-mêmes. Mais une fois que nous y fûmes, quel bonheur ! Nous étions parvenus, dit le même auteur, au fond de notre petitesse, au fond de notre misère, au fond de notre néant, là où il n'y avait plus rien, et là, donc, où il n'y avait plus que tout. Nous étions alors « seuls et nus [...] exposés sans masque à l'amour et à la lumière[3] ».

Ce petit traité de bientraitance qui envisage la question de savoir si la vie veut le meilleur pour nous est donc à la fois le témoignage de nos expériences et le fruit de nos réflexions sur ce sujet.

Puisse cet ouvrage vous interpeller, en sorte que vous puissiez vous dire, vous aussi, lorsque c'est possible : « Et si j'arrêtais de me maltraiter ? » Puisse-t-il vous donner l'envie et d'enfin vous « bientraiter ».

---

1. « On vous escorte à travers des kilomètres de corridors, on vous conduit, à la fin, jusqu'au sous-sol. Là vous trouvez un palais de marbre, mais il est grand temps d'y arriver », Freud, *Jones*, II, 66-67 ; cité aussi par *The Clinical Diary of Sándor Ferenczi*, édité par Judith Dupont, Harvard University Press, 1988, p. 186.

2. André Comte-Sponville, *Traité du désespoir et de la béatitude*, vol. 1 : *Le Mythe d'Icare*, PUF, 1984, p. 12.

3. André Comte-Sponville, *Petit traité des grandes vertus*, PUF, 1995, p. 197.

PREMIÈRE PARTIE

ET SI NOUS DONNIONS DU SENS À CE QUI N'EN A PAS ?

« L'homme qui considère son existence
et celle de ses semblables comme étant
dépourvue de sens est fondamentalement malheureux
puisqu'il n'a aucune raison de vivre[1]. »

Albert Einstein

Lorsque nous donnons du sens aux événements, lorsque nous nous ouvrons à la possibilité qu'il y en ait un qui se manifeste, ne reprenons-nous pas en main les rênes de notre existence, ne redevenons-nous pas maîtres de notre vie ? N'est-ce pas même, par le fait de donner du sens à ce qui semble ne pas en avoir, que la vie vaut d'être vécue ?

---

1. Albert Einstein, *Comment je vois le monde*, Flammarion, 1979.

1

Le jaillissement du sens

« À quoi bon vivre quand on peut se faire enterrer pour dix dollars ? » Tel était le slogan d'une entreprise américaine de pompes funèbres, et Freud, qui la rapportait dans une lettre à Marie Bonaparte, ajoutait : « Dès qu'on s'interroge sur le sens et la valeur de la vie, on est malade, car ni l'un ni l'autre n'existent objectivement[1]. » Et, en effet, quel sens peut avoir une vie toute de misère et de malheurs ? Un cataclysme – tremblement de terre, raz-de-marée, ouragan – qui décime une famille ? Une maladie qui, jour après jour, dégrade et détruit le corps d'un être humain ? Un accident qui rend hémiplégique ? Une agression qui nous prive à jamais d'un être cher ? Et quel sens peut avoir un massacre qui emporte des innocents ? Aucun, certainement. Aucun, objectivement.

Une perpétuelle quête de sens

Et en même temps, depuis toujours, les hommes sont en perpétuelle quête de sens. Et cela d'autant plus qu'ils sont dans la douleur. Pourquoi ? demandent-ils. Pourquoi

1. Lettre du 13 août 1937, in Alain de Mijolla, *Les Mots de Freud*, Hachette, 1982, p. 236.

moi ? Mon Dieu, pourquoi lui ? Pourquoi elle ? Qu'ai-je fait, qu'ont-ils fait, de mal pour mériter cela ?

Il est vrai que cette question du pourquoi reste tellement sans réponse quand il faut en trouver une, sinon pour continuer à vivre, du moins pour pouvoir survivre, qu'il n'est pas rare d'entendre, ici ou là, à la suite d'un drame, des explications déraisonnables. À quelles considérations n'a-t-on pas eu droit, en effet, s'agissant des causes fantasmatiques du sida ou de celles d'un tsunami ? Et quels propos irrationnels n'a-t-on pas entendus, parfois, qui attribuent la fin tragique d'un être humain au chat noir qu'il aurait croisé la veille de sa mort, si ce n'est, pis encore, aux péchés qu'il aurait commis dans son existence ?

> « Il ouvrit tout grands et théâtralement les battants, nous invita à venir voir et nous montra, au loin, à l'angle de la ruelle et des avenues, un petit kiosque de bois où se vendaient probablement les billets de la loterie de Merano.
>
> "Messieurs, dit-il, je vous invite à aller mesurer ce kiosque. Vous verrez que la longueur de l'éventaire est de 149 centimètres, c'est-à-dire un cent milliardième de la distance Terre-Soleil. La hauteur postérieure divisée par la largeur de l'ouverture fait 176 : 56 = 3,14. La hauteur antérieure est de 19 décimètres, c'est-à-dire égale au nombre d'années du cycle lunaire grec. La somme des hauteurs des deux arêtes antérieures et des deux arêtes postérieures fait 190 × 2 + 176 × 2 = 732, qui est la date de la victoire de Poitiers. L'épaisseur de l'éventaire est de 3,10 centimètres et la largeur de l'encadrement de l'ouverture de 8,8 centimètres. En remplaçant les nombres entiers par la lettre alphabétique correspondante, nous aurons $C_{10}H8$, qui est la formule de la naphtaline[1]". »
>
> Umberto Eco

1. Umberto Eco, *Le Pendule de Foucault*, Grasset, 1988.

Et si nous donnions du sens à ce qui n'en a pas ?

Notre fâcheuse tendance à interpréter, comme disait Spinoza, « la nature en termes extravagants[1] » – avec, qui plus est, bien souvent la supposée complicité de Dieu ou de ses porte-parole – rend la communauté scientifique plutôt réservée quant au sens qui se peut donner aux événements.

C'est ce qui explique que certains l'envisagent comme « l'illusion des illusions[2] ».

Et pourtant…

Dans l'antichambre de la mort, Etty Hillesum, cette jeune juive hollandaise qui fut déportée puis gazée à Auschwitz, écrivait : « Je ne vois pas d'autre solution que de rentrer en soi-même et d'extirper de son âme toute cette pourriture. Je ne crois plus que nous puissions corriger quoi que ce soit dans le monde extérieur que nous n'ayons d'abord corrigé en nous. L'unique leçon de cette guerre est de nous avoir appris à chercher en nous-mêmes et pas ailleurs[3]. »

Est-ce à dire que nous pourrions, nous-mêmes, pareillement, donner du sens à ce qui n'en a pas ?

Le sens d'une épreuve ne peut se trouver qu'en soi

Voilà, en effet, cette femme vivant l'enfer des camps qui parvient à donner un sens – et pas le moindre – à la terrible épreuve qu'elle endure.

---

1. Spinoza, *Traité théologico-politique*, Gallimard, coll. « La Pléiade », préface, p. 663.

2. André Comte-Sponville, *Traité du désespoir et de la béatitude*, vol. 2. : *Vivre*, PUF, 1988, p. 154.

3. Etty Hillesum, *Une vie bouleversée*, Le Seuil, 1985.

Et ce qui est remarquable dans cette démarche, c'est d'abord son contexte. En effet, d'une façon générale, plus une situation est difficile et moins elle semble susceptible d'être dotée de sens. Or là, Etty nous démontre que le pire du pire n'empêche pas que cela soit possible.

Il est donc permis de penser que si une jeune fille de vingt-neuf ans a été capable de le concevoir, nous devrions pouvoir, tous autant que nous sommes, montrer la même aptitude relativement aux drames de notre propre existence.

Il y a autre chose de remarquable dans la « leçon » que cette femme déportée tirait de « cette guerre ». C'est que le sens, c'est en elle, plutôt qu'ailleurs, qu'elle est allée le chercher. Cela n'est pas sans rappeler une vieille légende hindoue selon laquelle, après que les êtres humains avaient abusé de leur divinité, Brahmā décida de la leur retirer et de la cacher en un lieu où ils ne pourraient la retrouver. Il consulta les dieux mineurs et l'un d'eux suggéra de l'ensevelir au plus profond de la terre, mais en y réfléchissant bien, le dieu à quatre têtes et quatre bras considéra que, à force de fouiller, de creuser et de forer, les hommes finiraient par mettre la main dessus. Un autre des petits dieux envisagea alors de l'enfouir sous la mer, mais Brahmā objecta que les humains seraient bien capables de plonger jusque dans les abysses pour l'y redécouvrir. Un troisième dieu mineur proposa de la placer au sommet de la plus haute des montagnes, mais Brahmā s'avisa qu'un jour ou l'autre ils finiraient par l'atteindre et par récupérer le trésor dont il voulait les priver. Il désespérait de trouver l'endroit où pourrait être dissimulée la divinité de l'homme quand, enfin, il eut une idée. Il y a un endroit, déclara-t-il, où les hommes n'iront pas chercher, rapporte cette ancienne légende, et c'est… au fond d'eux-mêmes !

Et si nous donnions du sens à ce qui n'en a pas ?

N'est-il pas vrai que le sens d'une épreuve, s'il y en a un, et celui de la vie, si de même il y en a un, ne peuvent se trouver qu'en soi ? D'où il résulterait que la souffrance n'a pas de sens, si ce n'est celui qu'on lui donne. D'où il résulterait encore que la vie, avec son cortège de tourments, n'a pas davantage de sens, sauf celui que nous choisissons de lui attribuer.

Ce qu'ils en disent

Albert Schweitzer : « La seule possibilité de donner un sens à son existence, c'est d'élever sa relation naturelle avec le monde à la hauteur d'une relation spirituelle[1]. »

Václav Havel : « Toute réalité ne prend son sens qu'à partir de l'instant où l'homme lui en donne un[2]. »

Certes, le regard d'une beauté magistrale qu'Etty a posé sur son épreuve ne lui a pas permis d'échapper à la mort, mais peut-être de partir en paix et de devenir, comme l'écrit Anne Ducrocq à son propos, « l'un de ces "délivrés vivants" dont parle l'Inde[3] ».

1. Albert Schweitzer, *Ma vie et ma pensée*, Club des éditeurs, 1960.
2. Václav Havel, *L'Anatomie du gag*, éditions de l'Aube, 1997.
3. *Nouvelles Clés*, juin-juillet-août 2009, n° 62, p. 29.

« Ce qui n'a pas de sens a un sens supérieur à ce qui en a »

Et tout est là, en effet. Il n'y a pas de sens qui s'impose à tous, puisque jamais l'unanimité ne se fera sur celui de l'Holocauste ni sur aucune autre catastrophe. Mais il y a celui que chacun peut donner à l'épreuve à laquelle il est confronté qui lui permet non seulement de la surmonter, mais d'éviter qu'elle se renouvelle. Et quand bien même il aurait « tout faux » – qui, d'ailleurs, pourrait en juger ? –, l'essentiel n'est-il pas qu'il y trouve son compte ? Et quand bien même d'autres n'auraient pas le même avis, l'important n'est-il pas que celui-là même qui souffre y trouve un soulagement ? Et quand bien même certains donneraient une signification tout autre à la même épreuve, le principal n'est-il pas que celui qui la vit en sorte enrichi ?

En d'autres termes, le sens que chacun peut donner aux événements n'est-il pas celui qui convient si, d'une part, il parle à son cœur et si, d'autre part, il produit quelque effet ?

Ainsi, lorsqu'à la naissance de son enfant notre fils passa brusquement des larmes de joie aux sanglots de détresse, il retrouva la sérénité aussitôt qu'il comprit que cet événement le ramenait aux conditions difficiles de sa propre naissance. Certains pourraient opposer que « ça n'a rien à voir », reste que c'est ce qui lui a fait du bien. N'est-ce pas tout ce qui importe ?

Dans une de ses lettres, Gustave Flaubert écrivait que « ce qui n'a pas de sens a un sens supérieur à ce qui en a[1] », et les lapsus, actes manqués, résistances et autres symptômes qui livrent leur secret, avec ou sans le concours d'un thérapeute, démontrent combien l'auteur de *Madame Bovary*

1. Gustave Flaubert, *Lettre à Alfred Le Poittevin*, juillet 1845.

avait vu juste. Car le sens ainsi trouvé est de nature à révéler des zones d'ombre, à soulager la douleur, à ouvrir des pistes insoupçonnées et à éviter que l'épreuve ne réapparaisse.

> À l'occasion d'un séminaire – c'est Nicole qui tient la plume ici –, un participant que l'on appellera Thierry prit la parole pour dire qu'il était sur le point de se séparer de sa femme et que, depuis qu'il lui avait annoncé sa décision, l'ambiance, chez lui, était particulièrement tendue. Au cours d'un exercice qui suivit, il marqua sa détermination à éviter de rentrer dans les discussions du type « Tout est de ta faute ! – Non, c'est de la tienne ! », et il s'engagea à choisir la paix en toutes circonstances. Il l'écrivit sur son bloc. Mais son choix était-il vraiment sincère ? N'étaient-ce pas que des mots ? Était-il réellement déchargé de la culpabilité d'avoir pris l'initiative de la rupture ? Comment savoir ? C'est alors qu'il se relut et qu'il constata avec stupéfaction qu'au lieu d'écrire « je choisis la paix », sa main, guidée par son inconscient, avait noté « je choisis la *paie* ». Il avait inscrit, noir sur blanc, sa croyance qu'il avait une dette à payer. Il n'eut pas de mal à donner à ce lapsus le sens qui convenait et qui l'invitait à travailler sa culpabilité en profondeur pour s'en libérer.

Le sens est jaillissement, il est révélation

En même temps, si l'on peut donner du sens aux épreuves de sa vie et à sa vie elle-même, l'expérience démontre que ce n'est jamais dans une réflexion mentale. Un sens ne se découvre pas lorsqu'on le cherche, mais bien plutôt lorsqu'on se rend disponible à son émergence. Ce n'est pas le produit d'une équation mathématique ni le résultat d'une opération consistant à éliminer, par le raisonnement, des hypothèses successives. Le sens, celui qui est toujours juste, est jaillissement. Il est révélation. Il s'impose, non pas à tous, comme d'aucuns le voudraient parfois, mais à chacun, et il démontre sa vérité par le bien qu'il fait.

Au-delà du sens que l'on peut donner à telle expérience ou à tel événement – la psychanalyse est définie par Laplanche et Pontalis comme « la mise en évidence du sens latent d'un matériel[1] » –, il y a, bien sûr, le sens de la vie elle-même ; et la fréquentation intime des êtres humains, pendant des décennies, leur accompagnement jusque dans les replis les plus cachés de leur inconscient, la découverte en chacun d'eux d'une parcelle de divin, sont autant de circonstances qui nous font considérer qu'en lui donnant du sens, on fait des pas de géant.

N'est-ce pas ce dont Etty Hillesum parlait lorsqu'elle envisageait de « faire le grand bond dans le cosmos » ? « Alors la vie, poursuivait-elle, devient infiniment riche, elle déborde de dons, même au fond de la détresse[2]. »

> Il se peut même que ce soit la détresse qui permette ce grand bond, car c'est ce que j'ai vécu moi-même – c'est Nicole qui partage, ici, son expérience. J'avais trente-deux ans, j'étais mariée et mère de deux merveilleux enfants. Apparemment, j'avais, comme on dit, tout pour être heureuse. Sauf que, passé un certain temps, j'étais lasse des couches à changer, des légumes à mixer et même des balades au parc pour faire respirer du bon air à mes chérubins. Ne concevant pas ma vie comme celle d'une femme au foyer, je sombrais, semaine après semaine, dans une profonde dépression dont ne parvenaient à me sortir ni les rires et les jeux de mes petits chéris ni les efforts de mon mari pour redonner des couleurs à ma vie. J'étais désespérée.

1. *Vocabulaire de la psychanalyse*, PUF, article « Psychanalyse ».
2. Etty Hillesum, *Une vie bouleversée*, *op. cit.*

Un soir, celle de mes sœurs qui est médecin me vit si pâle et si amaigrie qu'elle me prescrivit des fortifiants, pour parer au plus urgent, et une psychothérapie, pour parer au plus profond. Elle me suggéra un nom et, sans trop savoir ce qui m'attendait, je composai, dès le lendemain matin, le numéro qu'elle m'avait donné. Au bout de trois séances, non seulement j'avais repris goût à l'existence, mais, par-dessus tout, j'avais trouvé ma voie. Ce que faisait l'homme que je consultais, c'est cela que je voulais faire. Écouter les autres, les accompagner au plus profond d'eux-mêmes, aller chercher en eux et avec eux la flamme à raviver, les aider à se défaire de toute dépendance, leur permettre de s'aimer et d'aimer, les conduire à se bien traiter, ainsi se révélait, tel un miracle, le sens d'une vie, la mienne, qui jusqu'alors n'en avait aucun. Ni une, ni deux : dès la rentrée suivante, je repris mes études et, quelques années plus tard, je commençai l'exercice de cette profession qui m'a apporté tant de joie. Depuis, je n'ai eu de cesse de bénir ma dépression qui m'avait fait broyer du noir. Je l'ai appelée ma dépression-cadeau ; sans elle, je ne serais pas allée à la rencontre de moi-même, rencontre qui m'a ouvert la voie vers la connaissance de « l'univers et des dieux » ; sans elle, je n'aurais jamais pratiqué la psychothérapie et, sans elle, je n'aurais jamais eu le bonheur de pouvoir aider les personnes en souffrance à trouver du sens.

Quand la vie vaut la joie

En fait, et tout bien considéré, c'est une chance qu'une épreuve n'ait pas de sens, et c'en est une aussi que la vie n'en ait pas davantage. Si l'épreuve en avait un, si la vie en avait un, nous y serions soumis et ne pourrions que subir les situations. Et lorsque nous donnons du sens, ou, comme nous l'avons dit, lorsque nous nous ouvrons à la possibilité qu'il y en ait un qui se manifeste, loin de nous livrer à ce qu'André Comte-Sponville appelle un « délire d'interprétation… sans limites[1] », nous reprenons en main les rênes de notre propre existence. Nous redevenons maîtres de notre vie, et c'est alors qu'elle nous le rend bien. C'est même, peut-être, par le fait de donner du sens que la vie vaut la peine, ou plutôt, dirions-nous, qu'elle vaut la joie.

1. André Comte-Sponville, *Traité du désespoir et de la béatitude*, vol. 2 : *Vivre*, *op. cit.*, p. 152.

2

L'évidence du sens

Le cocher de la vieille dame s'étant trompé de chemin, Freud se dit qu'il devait s'agir d'« un incident sans signification[1] ».

Et vous ? Votre taxi se trompe de gare, y voyez-vous le signe que vous devez renoncer au train que vous êtes censé prendre ? Votre connexion Internet vous lâche au moment d'envoyer un courriel important, vous demandez-vous si, vraiment, vous devez le faire partir ? La radio diffuse une pub qui répète « N'hésitez plus ! » alors qu'ayant fini par composer *son* numéro, vous êtes sur le point de raccrocher ; l'entendez-vous pour vous ? Avez-vous l'idée, l'élan, la dynamique de donner du sens à ce qui advient et qui semble extérieur à vous ? Et avez-vous donc, comme Freud, malgré le contre-exemple de la vieille dame et de son cocher, cette « tendance à ne pas laisser le hasard comme tel, mais à l'interpréter[2] » ? Avez-vous, comme Nietzsche, le désir de dompter le sort pour qu'il vous livre son projet ?

---

1. Freud, *Psychopathologie de la vie quotidienne*, Payot, 1968, p. 275. 2• *Ibid.*, XII, p. 276.

2. *Ibid.*, XII, p. 276.

Ce qu'en disait Zarathoustra

« Je fais bouillir dans ma marmite tout ce qui est hasard. Et ce n'est que lorsque le hasard est cuit à point que je lui souhaite la bienvenue pour en faire ma nourriture. Et en vérité, maint hasard s'est approché de moi en maître : mais ma volonté lui parlait d'une façon plus impérieuse encore – et aussitôt il se mettait à genoux devant moi en suppliant[1]. »

La vie parle à qui veut l'entendre

Avec une amie également collègue, complice et homonyme – c'est de nouveau Nicole qui raconte –, je devais me rendre en congrès à Syracuse et c'est son mari qui nous accompagnait à l'aéroport de Paris-Charles-de-Gaulle. Comme nous étions, tous trois, pris dans une conversation, il faut croire captivante, Pierre rata la bretelle de sortie et aucune de nous deux qui, pourtant, connaissions bien la route, ne réagit à temps. Le trajet s'en trouva rallongé d'une bonne cinquantaine de kilomètres, ce qui n'est pas rien quand on a un avion à prendre ! Comme notre dévoué chauffeur s'en voulait de son erreur, nous tentions de faire baisser la tension qui s'était installée en disant que la vie, sans doute, voulait le meilleur pour nous et que c'était peut-être le

1. Nietzsche, *Ainsi parlait Zarathoustra*, 3e partie, Robert Laffont, 1993.

signe que nous ne devions pas embarquer sur ce vol. Pierre fit cependant tout ce qu'il put pour que nous arrivions à temps, mais une fois parvenus dans le terminal, nous apprîmes que le comptoir où nous devions nous présenter était à l'autre extrémité du hall et qu'il nous fallait courir, avec nos bagages, pour avoir une chance de ne pas le trouver fermé. Or, comme si la partie de notre cerveau commandant notre allure souscrivait au fait que l'avion pouvait partir sans nous, il fut impossible à nos pas de se presser davantage et il en est résulté que nous n'avons pas embarqué. Certes, l'Airbus ne s'est pas écrasé ! Heureusement ! Mais voici tout de même ce qui se passa et qui nous donna raison d'avoir entendu qu'il valait mieux prendre l'avion suivant.

Lorsque nous sommes parvenues à destination, trois bonnes heures après nos autres collègues de la délégation française à ce congrès européen, nous eûmes la surprise de trouver ceux-ci encore à l'aérogare, manifestement épuisés. Ils étaient restés un temps infini autour du tapis des bagages, sans voir les leurs arriver. Ils avaient dû, ensuite, se rendre au comptoir des réclamations devant lequel ils attendaient encore leur tour, dans une interminable file de passagers infortunés. Ils étaient légitimement fort contrariés d'être privés de leurs effets personnels, à l'étranger, et sans savoir pour combien de temps. Nous les avons laissés accomplir les formalités nécessaires et nous avons, les premières, rejoint notre hôtel où nous avons pu nous détendre tranquillement. En plus, nous avions nos valises !

Est-ce à dire qu'il faut, à toutes choses, donner une signification ? Sans doute pas. La vie serait un enfer si nous devions interpréter sans cesse ce qui arrive.

C'est donc de façon raisonnable qu'il convient de « voir dans le hasard, dit Freud, un moyen par lequel s'expriment certaines choses extérieures qui [nous] sont cachées[1] ».

Certes, mais qu'appelle-t-on « raisonnable » ? Fallait-il, à New York, au matin du 11 Septembre, voir un signe dans le fait que le réveil n'avait pas sonné ou filer à toute allure, sans prendre ni douche ni petit déjeuner, pour être à l'heure au bureau situé dans l'une des tours jumelles du World Trade Center ? Comment savoir ? Et qui n'a pas connu, à l'inverse, des situations où il a bien fait de s'habiller en vitesse pour rejoindre son entreprise ? Et fallait-il le 26 décembre 2004, alors que les éléments allaient se déchaîner sur les plages thaïlandaises, insister pour prendre place à bord du vol Bangkok-Phuket, ou accepter de ne pas être sur la liste des passagers d'un avion surbooké ? Comment savoir ? Et qui n'a pas connu des situations où, au contraire, il a bien fait d'expliquer aux hôtesses qu'il avait d'excellentes raisons d'embarquer absolument sur le vol qu'il avait réservé ?

> Fallait-il qu'à Varsovie mon grand-père – c'est Jacques qui s'interroge –, tombant sur une coupure de journal évoquant de nouveaux pogroms en Ukraine voisine, y voie le signe qu'il devait partir, si bien qu'il serait quasiment le seul, quelques années plus tard, à ne pas être pris au piège du ghetto ? Ou fallait-il qu'il écoute sa mère qui ne voulait pas laisser son fils chéri s'en aller, peut-être à tout jamais ?

Comment savoir ? Sans doute n'y a-t-il pas à cette question de réponse absolue. Tout au plus peut-on essayer de dégager quelques critères dont la présence

---

1. Freud, *Psychopathologie de la vie quotidienne*, *op. cit.*, XII, p. 275-276.

ou la réunion nous mettent sur la voie de ce qui est raisonnable.

Quand les pressentiments s'en mêlent

Le premier critère qui n'exclut pas les deux autres, mais, au contraire, s'y associe est celui du pressentiment.

Qu'en effet le réveil oublie de sonner, cela arrive à tout le monde et ne justifie pas forcément qu'il faille se demander s'il est juste d'aller travailler ce jour-là. Mais s'il ne sonne pas alors qu'en plus vous avez ce qu'il est convenu d'appeler « un mauvais pressentiment », tout devient différent. Voilà, en effet, qu'une intuition, par définition sans fondement raisonnable, rencontre un fait matériel qui va dans le même sens. Prises séparément, ces circonstances peuvent ne pas signifier grand-chose, mais leur union ne fait-elle pas leur force ?

Qu'il n'y ait plus de place dans l'avion, chacun peut se l'entendre annoncer et ne justifie peut-être pas que vous renonciez à embarquer. Mais qu'en outre vous ayez une sensation étrange par rapport à ce vol et, là aussi, tout devient différent. L'étrange sensation peut n'être qu'un fantasme et participer de ces pensées que l'on a plus ou moins tous dans les salles d'embarquement. Mais lorsque la ténacité de cette sensation est confortée par l'annonce que le vol est surbooké, est-il sage de ne rien vouloir entendre ?

Qu'il se produise des événements de plus en plus inquiétants non loin du lieu où vous vivez ne doit pas nécessairement vous faire plier bagage, mais qu'en même temps vous ayez le pressentiment d'un grand danger, pour vous-même, pour votre famille, voire pour votre communauté tout entière, et tout, pareillement, devient différent. La crainte d'un péril peut, évidemment, ne reposer sur rien de concret. Mais est-il bien sensé de la faire taire quand des troubles sérieux lui donnent sa raison d'être ?

Quand les obstacles se multiplient

Le second critère auquel on peut penser est celui de la répétition. Imaginez, que partir en week-end avec cette personne ne vous dise rien qui vaille et qu'en vous dirigeant vers le lieu où vous avez rendez-vous vous tombiez sur un panneau indiquant « route barrée ». Vous êtes contrarié de voir se rallonger votre parcours, mais suivez quand même la déviation indiquée. Lorsque, enfin, vous avez rejoint votre itinéraire, ce n'est décidément pas de chance, vous constatez que l'un de vos pneus est crevé. Et vous voilà couché sous votre véhicule, à placer la roue de secours. Vous repartez. Mais quelques kilomètres à peine après cette pause obligée, un automobiliste vous refuse la priorité et emboutit l'aile de votre voiture. Comme il ne vous a pas abîmé suffisamment votre véhicule pour l'immobiliser, une fois le constat fait, vous poursuivez votre chemin et arrivez au lieu convenu avec un énorme retard. Bon week-end ! Horrible week-end ! direz-vous ensuite. Ah ! si vous aviez su !

Eh oui ! Si, au lieu de faire la sourde oreille, vous aviez entendu ce que la vie s'était acharnée à vous dire en s'y reprenant à trois fois, vous auriez, sans nul doute, rebroussé chemin !

Car on peut, en effet, ne pas prêter attention à un signe et considérer qu'il s'agit d'un « incident sans signification ». Mais s'il s'en produit deux, puis trois, voire plus, qui tous vont dans le même sens, il est sensé – c'est le cas de le dire – d'envisager qu'il y ait peut-être quelque chose à comprendre.

QUAND UN ÉVÉNEMENT SURVIENT AU MOMENT ADÉQUAT

Quant au troisième critère, il tient en un mot cher à C. G. Jung : la *synchronicité*. Imaginer que cet embouteillage ait un sens relève peut-être de ce que Spinoza aurait appelé de l'extravagance, mais observer qu'il se produit à l'instant même où, ayant un doute quant à l'opportunité du rendez-vous auquel vous vous rendiez, vous étiez prêt à faire demi-tour, n'est peut-être pas tout à fait sot. Et s'« il faut se garder, écrit justement Hubert Reeves, de voir des coïncidences significatives là où il n'y en a pas *réellement*[1] », il n'est pas invraisemblable de considérer les situations qui se présentent au-devant de nous comme une source d'informations.

Et l'on peut se demander avec Pythagore s'il n'y a pas une « sympathie de toutes les choses » avec nous, la sympathie étant « la connivence universelle qui fait *conspirer*, respirer ensemble, le ciel et la terre, les êtres et les choses[2] ».

---

1. Hubert Reeves, *La Synchronicité, l'Âme et la Science*, Albin Michel, 1995, p. 176.

2. Christian Godin, *La Totalité*, vol. 3 : *La Philosophie*, Champ Vallon, 1998, p. 180.

Accueillir l'inconnu

Ainsi, il semble bien qu'à certains moments les frontières à l'intérieur desquelles nous évoluons laissent passer quelque chose qui vient de beaucoup plus loin. Nous avons, parfois, du mal à l'accepter, car il est rassurant de demeurer dans l'enceinte de nos remparts. En même temps, il se peut que nous gagnions à accueillir l'inconnu qui se révèle, en certaines occasions, en étonnante adéquation avec ce que nous vivons.

Le signe qui nous interpelle et qui est prêt à nous livrer son sens est souvent cet inconnu. Il est extérieur à nous. Apparemment. Apparemment seulement, puisque nous avons cette faculté d'aller chercher des informations au-delà des limites spatiales et temporelles que notre raison paraît nous assigner. Tout se passe comme si, d'une certaine façon, en amont d'un événement, nous avions nous-mêmes créé les conditions pour que, le moment venu, un signe se manifeste, susceptible de nous renseigner sur le chemin à suivre ou la décision à prendre. Qui d'autre que nous, en effet, pour nous en tenir à cet exemple, a « oublié » de positionner le réveil sur le mode alarme ? Évidemment, nous ne l'avons pas fait exprès. Mais ne serait-ce pas que, quelque part, une partie de nous savait, par anticipation, et qu'elle a mis en place un stratagème inconscient pour nous protéger, pour nous aider, pour nous guider ? Ne serait-ce pas qu'il existe une instance en nous, extraordinairement intelligente, qui aurait la capacité de conspirer avec l'Univers pour nous envoyer, au moment opportun, le signe qui convient ? Ne serait-ce pas que nous sommes capables d'une prodigieuse connivence avec l'extérieur ? C'est sans doute pourquoi, disait

Jung, « il y a des possibilités infinies pour la conscience humaine[1] ». Elles tiennent, peut-être, à ce que nous ne sommes probablement pas des êtres aussi séparés – séparés des éléments, séparés de l'Univers, séparés des autres, séparés de Dieu, pour ceux qui s'y réfèrent – que nous voulons le croire.

1. C. G. Jung, *Sur l'interprétation des rêves*, Albin Michel, 1998, p. 205-206.

DEUXIÈME PARTIE

ET SI LA SÉPARATION ÉTAIT UNE ILLUSION ?

« Tout le problème est de s'élever, de se distinguer, sans se séparer des autres hommes[1] »

Jean d'Ormesson

C'est sans doute faire preuve d'une certaine audace que d'envisager qu'en nous confrontant à des séparations si souvent douloureuses, la vie puisse vouloir le meilleur pour nous. Certes. C'est aussi, direz-vous peut-être, bien téméraire d'énoncer que la séparation dont nous avons tous expérimenté la difficile réalité ne serait qu'une illusion. Certes encore. Mais la vie n'a-t-elle pas, disait Nietzsche, « besoin d'illusions, c'est-à-dire de non-vérités tenues pour des vérités[2] » ? Et n'a-t-elle pas besoin de la séparation, qui serait la première d'entre elles, pour nous amener – qui sait ? – à prendre conscience de ce que, malgré les apparences, nous ne faisons qu'un ?

---

1. Extrait d'un entretien avec Pascale Frey, janvier 1994.

2. Nietzsche, *Le Livre du philosophe*, Flammarion, coll. « GF », 1993.

1

La nécessaire séparation

Heureusement, bien sûr, que nous sommes séparés ! Sinon, évidemment, rien ne serait possible. Aucune vie ne le serait, d'ailleurs. Aucune vie pour le petit d'homme sans la séparation d'avec sa mère qui l'a porté. Aucune vie sans une division cellulaire. « Malgré leur incroyable diversité, toutes les cellules d'un corps proviennent de la division d'un seul et unique ovule fécondé[1]. »

Le comble de la misère

Biologiquement, nous venons donc d'un Tout, puisque la cellule est l'unité de base du monde vivant. Et il semble bien, en effet, qu'avant la vie « nous » (même si, alors, « nous » n'existions pas encore) ne faisions qu'un avec ce Tout, comme, dès après la conception, nous n'avons fait qu'un avec notre mère qui était tout pour nous.

Je ne me souviens pas, pas plus que vous d'ailleurs, sans doute – c'est Jacques qui s'exprime ici –, de la séparation originelle qui permit ma naissance, mais j'ai pu reconstituer,

1. Windsor Chorlton, *Voyage au centre du corps humain*, Octopus, 2004.

de façon me semble-t-il assez fidèle, celle qui a suivi vingt mois plus tard, et qui me laisse à penser que, ma mère et moi, nous ne faisions vraiment qu'un.

À cette époque-là, en Afrique du Nord, mes parents, de condition modeste, vivaient dans un logement composé d'une pièce unique au rez-de-chaussée de l'immeuble où habitaient mes grands-parents. C'est là, dans cet espace exigu s'ouvrant sur une cour commune, qu'ils ont casé mon berceau à côté de leur lit conjugal. J'étais donc tout près d'eux – on peut difficilement faire mieux – et spécialement de ma mère qui dormait, la nuit, du côté où je me trouvais et qui restait à la maison quand mon père partait travailler. Un peu moins de deux ans plus tard, cependant, arriva ma petite sœur et, comme il n'y avait plus de place pour un lit supplémentaire dans le réduit où nous vivions, la solution trouvée, logique au demeurant, fut de transporter le mien, trois étages au-dessus, chez mes grands-parents. Évidemment, c'était une erreur, et si des parents, aujourd'hui, envisageaient pareille chose, n'importe quel pédiatre, pédopsychiatre, psychologue, psychothérapeute, voire médecin généraliste ayant parcouru Winnicott, Rank ou Dolto, dirait que c'est folie. Mais dans la France d'après-guerre et dans ses colonies, bien peu de gens étaient sensibles aux conséquences de semblables décisions. Finie, donc, l'unité avec ma mère qui avait duré jusqu'alors ! Finie, l'exclusivité ! C'était la catastrophe ! Nous étions séparés. Comment, dès lors, pour le petit garçon que j'étais, faire revenir ma mère près de moi ? Je n'en savais rien, certes. Pas plus que Proust qui, à treize ans, disait que le comble de la misère était d'être séparé de sa mère[1]. Mais mon corps a su, lui. Car à partir de là, et tout comme l'auteur de *À la recherche du temps perdu* également éprouvé par l'arrivée d'un cadet, j'ai fait de terribles crises d'asthme.

1. Cité par Serge Bonfils, in *Impertinente psychosomatique*, éd. John Libbey Eurotext, 1996.

Et c'est ainsi que, presque toutes les nuits, mes grands-parents désespérés appelèrent au secours leur fille, qui accourait auprès de moi.

Cela a duré de nombreuses années, si bien que je n'ai pas de mal à me revoir dans mon lit, luttant de toutes mes forces pour ne pas mourir étouffé.

Beaucoup plus tard, lorsque j'ai entrepris une psychothérapie, j'ai mesuré combien le sentiment d'unité avec celle qui m'avait mis au monde avait été intense. Si intense que mes crises d'asthme ont cessé le jour où, guerre d'Algérie oblige, nous dûmes trouver refuge à Paris, tous ensemble, et précisément dans un logis d'une seule chambre, en tout point semblable à celui qui avait accueilli mon berceau, et situé, lui aussi, sur la gauche en entrant dans une cour ! Dans l'inconscient du gamin de neuf ans que j'étais, tout allait enfin pouvoir recommencer comme autrefois, au temps où ma mère et moi dormions dans la même pièce !

Le sentiment océanique

Au début des années 1990 – c'est Nicole qui témoigne, cette fois –, il m'a été donné de vivre une expérience qui m'a bouleversée. Alors que, depuis une bonne semaine, je souffrais de vertiges que le corps médical ne parvenait pas à expliquer, il s'est produit qu'un soir je me suis vue comme en dehors de mon corps. Contrairement, cependant, à ce que beaucoup d'autres ont pu rapporter plus ou moins sérieusement, je n'avais trouvé, au cours de ce périple, ni ange, ni aïeux, ni Christ, ni Moïse, ni Bouddha, ni personne. Je n'avais vu ni « grande lumière blanche au bout du tunnel », comme le dit Erik Orsenna évoquant les récits de ces expériences, ni entendu une quelconque « musique ineffable au-dessus d'une étendue d'eau calme et bleutée[1] ». Je m'étais seulement sentie comme une sorte d'atome unique de conscience parmi d'autres, tout aussi uniques, qui avaient chacun sa couleur, sa note et sa vibration. J'avais perçu l'ineffable unité de cet ensemble dans un univers sans forme d'une incroyable beauté au sein duquel l'amour régnait dans toute sa splendeur. J'avais eu, ainsi, le bonheur, grâce au mal qui me tenaillait si fort, de connaître intimement ce fameux « un » dont j'avais quelquefois entendu parler.

Si donc avant d'être humain nous avons connu ce que Romain Rolland, dans sa correspondance avec Freud, avait appelé « le sentiment océanique[2] », et si nous retrouvons cette unité après notre passage sur la terre, à quoi servent toutes les séparations dont une existence est faite ?

1. Erik Orsenna, *La Chanson de Charles Quint*, Stock, 2008.
2. Henri et Madeleine Vermorel, *Sigmund Freud et Romain Rolland, correspondance 1923-1936*, PUF, 1993.

2

Le jeu des opposés

Pierre Desproges, célèbre humoriste français, rappelant la parole biblique : « Tu aimeras ton prochain comme toi-même », ajoutait : « Personnellement, je préfère moi-même, mais je ne ferai pas entrer mes opinions personnelles dans ce débat[1]. » Et comme il y a, dit-on, toujours un peu de vrai dans toute plaisanterie, celle-ci illustre combien, dans le fond, nous vivons séparés les uns des autres. Parce que, en effet, en plus de nous être séparés du Tout, puisqu'il faut bien vivre, en plus de nous être séparés de notre mère, puisque encore il faut bien couper le cordon, nous sommes en constante opposition les uns avec les autres, comme si cela nous était indispensable pour exister.

Un jeu auquel tout le monde se livre

Si nous étions Usbek – vous vous souvenez, ce personnage des *Lettres persanes* de Montesquieu qui, venu d'ailleurs, portait son regard étonné sur les mœurs qu'il découvrait –, nous pourrions, à sa façon, écrire à des amis

1. Pierre Desproges, *Manuel du savoir-vivre à l'usage des rustres et des malpolis*, Le Seuil, coll. « Points », 1981.

combien il est curieux que les gens, dans ce pays, prennent plaisir à se distinguer en s'opposant les uns aux autres. Il suffit, rapporterions-nous à nos correspondants lointains, que l'un dise blanc pour que l'autre dise noir, que l'un dise ici pour que l'autre dise là, que l'un dise oui pour que l'autre dise non. Ils ont d'ailleurs, quand il s'agit de dire « non », une bien curieuse manière de s'y prendre ; ils disent « oui, mais », et c'est, semble-t-il, une façon communément acceptable de dire qu'ils ne sont pas du tout d'accord. Quoi qu'il en soit, commenterions-nous, le fait de s'opposer ainsi est une sorte de jeu auquel tout le monde se livre allégrement ; un jeu qui se pratique en couple ou en famille, mais aussi entre petits camarades, entre amis, entre collègues, entre voisins, et un jeu qui se pratique également – faut-il le préciser ? – au niveau politique. Il n'est guère possible en effet, écririons-nous dans notre correspondance, qu'un chef d'État ou un ministre annonce un projet de réforme sans qu'aussitôt les médias tendent leurs micros à ceux, de l'autre bord, qui sont systématiquement contre. L'antagonisme du pour et du contre semble tellement apprécié, en ces contrées, qu'il n'est pas rare d'installer, sur un plateau de télévision ou dans un studio de radio, deux adversaires, qui, à coups d'arguments, rivalisent comme sur un ring. Il est alors question de « duels », que le dictionnaire définit tout de même comme des « combats entre deux adversaires, et devant témoins, pour la réparation d'une offense », ou de « débats » qui riment avec « combats » et qui ont en commun la même racine évoquant une bataille. Ces mises en scène, dirions-nous aux lecteurs de nos lettres, sont une version moderne, moins sauvage certes, mais tout aussi étrange, des jeux du cirque que les Romains applaudissaient.

Quel ne serait pas aussi notre étonnement, si nous étions Usbek, de constater que les personnes dont nous observerions les us et coutumes ont poussé le vice – et ils le font prétendument au nom de la vertu – jusqu'à séparer, fort souvent, les hommes et les femmes, y compris dans beaucoup de leurs lieux de culte.

Et si nous étions Usbek, nous relèverions encore que cette attitude s'inscrit dans un paradoxe surprenant. Les gens que nous aurions rencontrés ont, en effet, cette tendance à la fois à s'opposer les uns aux autres et à se réunir. Ils semblent affectionner particulièrement le fait de former de grands cortèges pour clamer qu'ils sont « tous ensemble, tous ensemble » – c'est sans doute plus convaincant de le dire deux fois, car c'est ce qu'ils font –, alors même qu'ils défilent *contre* quelque chose. De la même façon, ils apprécient de se réunir en bandes – rivales, par définition – ou de se rassembler dans des stades pour soutenir leur équipe ou acclamer leurs idoles. Il arrive même, rapporterions-nous, qu'ils se rassemblent dans des temples et autres églises, unis par la conviction qu'il n'y a qu'un seul Dieu et que c'est… le leur.

Curieuses gens, dirions-nous, que les gens d'ici, qui poussent la séparation si loin, parfois, que cela doit bien cacher quelque chose de plus profond.

Les autres règnes et nous

Curieuses gens aussi que les personnes qui se comportent comme si le règne humain était séparé du règne minéral, du règne végétal et du règne animal, alors qu'elles sont, elles-mêmes, le produit d'une évolution à travers ces autres règnes et que, sans eux, elles ne pourraient ni boire, ni manger, ni même respirer ! Curieuses gens qui ont peur des abeilles et qui ne savent pas – comme quoi la conscience est aussi affaire de connaissance – que c'est d'elles que dépendent de nombreuses cultures, maraîchères, fructifères et même cotonnières.

« Un monde sans fruits ni légumes ? »

« S'il n'y a plus d'abeilles dans le monde, que se passera-t-il ? Un bouleversement sans précédent dans l'histoire de l'humanité. Actuellement, plus de 80 % des espèces de plantes à fleurs [...] dépendent directement de la pollinisation par les [...] abeilles, pour l'essentiel... C'est le cas de nombreuses espèces sauvages [...], des arbres fruitiers [...] des grandes cultures oléagineuses [...] et protéagineuses, des cultures maraîchères [...] des semences de crucifères [...], d'ombellifères [...] et d'alliacées [...] Difficile d'imaginer un repas auquel les abeilles ne soient pas associées de près !

Un monde sans fleurs, sans fruits ni légumes, est-ce cela qui nous menace ? Il y a un an, une étude internationale a évalué [...] la dépendance aux pollinisateurs [...]. Conclusion : [...] 35 % de la production de nourriture dépend des insectes [...], la disparition des abeilles ne signifie donc pas que l'espèce humaine mourra de faim [...]. Mais la diversité alimentaire en serait profondément altérée. Que faire pour tenter d'enrayer le déclin des abeilles ? Les causes de leur régression sont connues : élimination de leurs sites de nidification, raréfaction des plantes qui leur fournissent nectar et pollen, maladies et parasites... Et, surtout, épandage de pesticides, particulièrement destructeurs [...][1]. »

---

1. Propos de Bernard Vaissière, recueillis par Catherine Vincent, *Le Monde*, 13 octobre 2007.

Le déclin des abeilles

« Le nombre d'abeilles et d'autres agents pollinisateurs – sauvages ou domestiques – semble être en diminution dans le monde entier, et plus particulièrement en Europe et en Amérique du Nord. L'absence de programmes régionaux et internationaux fiables visant à surveiller l'état et l'évolution du phénomène fait planer une incertitude considérable sur l'ampleur de cette diminution. Cependant, les pertes identifiées sont alarmantes. Au cours des dernières périodes hivernales, la mortalité des colonies d'abeilles domestiques en Europe se situait autour de 20 % (les taux variant de 1,8 % à 53 % selon les pays)[1]. »

Selon le rapport de 2016 de l'IPBES, « en Europe, 9 % des espèces d'abeilles et de papillons sont menacés et les populations diminuent pour 37 % des abeilles et 31 % des papillons [...][2] ».

1. « Le déclin des abeilles. Analyse des facteurs qui mettent en péril les pollinisateurs et l'agriculture en Europe », Greenpeace, Laboratoire de recherche de Greenpeace, avril 2013.

2. « Rapport d'évaluation sur les pollinisateurs, la pollinisation et la production alimentaire », IPBES, 2016.

Les choses et nous

Curieuses gens, dirions-nous encore si nous étions Usbek, ceux qui se croient séparés des choses inanimées !

Sur la route des vacances – c'est Jacques qui relate cet épisode –, le véhicule que nous venions d'acheter fit des siennes. J'avais toujours eu, d'ailleurs, un rapport très particulier avec mes voitures. Envisageais-je, un jour, de changer de modèle, en plaisantant sur l'état des tapis de sol susceptible de justifier un nouvel achat et, dans le quart d'heure qui suivait, un autre automobiliste me refusait la priorité et abîmait ma carrosserie. Imaginais-je d'éviter une prochaine révision en remplaçant mon automobile par une autre et, aussitôt, celle que je conduisais répondait par une panne à mon projet d'abandon ! C'était à tous les coups ! Je n'aurais pas juré que les murs ont des oreilles, mais pour mes voitures, même si je suis plutôt réservé par rapport aux phénomènes paranormaux, j'ai bien été obligé d'observer qu'elles pouvaient bien être dotées de quelque chose qui y ressemble ! Et non seulement elles entendaient tout ce que je disais, surtout quand j'imaginais de m'en séparer, mais il arrivait, en outre, qu'elles cherchent à me faire passer un message. Ainsi celle qui nous menait en vacances, un été des années 1990, était-elle équipée d'un système de démarrage codé si sophistiqué que, après chaque arrêt sur l'autoroute, pour faire le plein de carburant ou pour nous restaurer, il nous fut impossible de redémarrer ! J'eus beau composer et recomposer la combinaison, suivre les conseils donnés par le technicien en ligne, rien ne se passait et il fallut, chaque fois, attendre qu'on vienne nous dépanner. Alors que nous en étions à notre troisième incident de la journée et que notre berline s'entêtait à ne pas reconnaître le code secret que je tapais sur le clavier, Nicole suggéra qu'elle voulait peut-être nous dire quelque chose ; je dois avouer que j'étais trop contrarié par ce qui se passait pour envisager cette hypothèse, d'autant que, malgré les expériences que j'avais déjà eues précédemment avec mes véhicules, celle-ci me paraissait fort peu vraisemblable. À la panne suivante, cependant, elle insista : « Et si nous avions nous-mêmes des secrets, lança-t-elle, quels seraient-ils ? » Dieu sait que la nuit qui suivit, dans cet hôtel où nous avons dû faire halte, fut difficile ! Notre automobile, qui n'avait plus avancé à cause d'un code secret, avait réussi – l'extérieur n'est-il pas souvent un miroir de notre intérieur ? – à nous faire avouer des choses que nous ne nous étions jamais dites ! Et de la même façon qu'une fois le message passé elle est sagement repartie vers sa destination, nous avons, nous aussi, fait route vers une ère nouvelle.

« Objets inanimés », vous auriez donc « une âme qui s'attache à notre âme et la force d'aimer[1] » ?

Nous ne faisons qu'un

Ainsi, nous vivons séparés de tout et spécialement des autres, alors même que l'idée de ne « faire qu'un » a toujours existé dans l'esprit des hommes. Déjà Plotin, au IIIe siècle de notre ère, écrivait que « comme d'autres, tout aussi bien que nous, sont […] les êtres, nous sommes tous, eux et nous, les êtres […] donc à nous tous, nous ne faisons qu'un[2] ».

Nous sommes même allés jusqu'à imaginer un Dieu dont nous serions séparés, alors même que, dans la conception monothéiste que partage la plus grande partie de l'humanité, Dieu est annoncé comme étant *un*. Nous sommes

1. Lamartine, « Milly ou la Terre natale », 1826.
2. Plotin, *Ennéades*, t. V, 1-2.

supposés ne faire qu'*un* avec Lui qui ne ferait qu'*un* avec nous. « Le Père et moi ne faisons qu'un en toutes choses[1] », est-il dit dans l'Évangile de Jean, et le Deutéronome, 6-4, énonce que « l'Éternel est Un ». Spinoza que l'on a pourtant accusé d'athéisme est sans doute le penseur qui a le mieux compris la portée de cet énoncé en expliquant que « tout ce qui existe existe en Dieu[2] ».

Retrouver l'unité perdue

Nous avons tous commencé notre existence en étant unis à notre mère, ce dont, sans doute, nous avons la nostalgie. D'une certaine façon, nous aspirons à revivre cette union, en sorte que nous recherchons l'âme sœur avec laquelle nous serons d'accord en tout et sur tout, l'ami avec lequel pourra s'instaurer une vraie complicité, et la communauté associative, religieuse, sportive ou nationale au sein de laquelle nous pourrons vibrer à l'unisson. Inconsciemment, nous cherchons à retrouver l'unité perdue, celle qui existait avant que nous soyons séparés de notre mère.

Ainsi, tout en voulant affirmer notre personnalité, nous éprouvons le besoin d'appartenir au sein d'un couple, d'une famille, d'un groupe, d'une communauté, d'une nation. Et c'est ainsi qu'entre notre désir d'être reconnus en tant qu'individus et notre aspiration à l'unité nous essayons un compromis imparfait qui nous laisse souvent un goût amer.

Comment pourrait-il en être autrement, d'ailleurs ? S'agissant de l'unité, en effet, et quand bien même nous

1. Jn 10, 30.
2. Spinoza, *Éthique*, I, prop. 15.

faisons souvent semblant de l'oublier, il va de soi qu'à défaut d'être totale elle n'est pas. C'est une question de définition. On ne fait un qu'avec le tout et non pas avec une partie du tout et encore moins, on l'aura compris, contre une partie de ce tout. Certes, le sentiment d'être bien avec les nôtres nous permet de nous rapprocher, émotionnellement, de quelque chose qui ressemble à l'unité, mais c'est souvent une attitude qui produit le contre-effet de renforcer la séparation.

Un ami nous racontait combien il avait eu longtemps la conviction que les petits plats de sa mère et de sa grand-mère étaient bien meilleurs qu'ailleurs, que les traditions de ses pères étaient infiniment plus belles que les autres, que les réunions de sa famille étaient beaucoup plus riches et les fêtes qui s'y donnaient tellement mieux réussies que partout ailleurs ! Il nous disait combien être ensemble, entre gens qui se comprennent, qui ont des souvenirs communs, qui ont vécu les mêmes épreuves et connu les mêmes joies, était un vrai délice ! Mais il nous disait aussi combien, devenu adolescent puis adulte, il avait eu du mal ne serait-ce qu'à apprécier un repas préparé par quelqu'un d'autre que sa mère, jusqu'à se rendre compte, des années plus tard, des mille et une saveurs dont il s'était privé. Il nous disait combien le sentiment d'unité familiale, méthodiquement entretenu par la déclinaison sous de nombreuses formes du thème « il n'y a pas mieux que chez nous », s'était, en définitive, révélé être un piège dont il avait fallu qu'il se dégage pour pouvoir s'ouvrir au monde. « C'est fou, que j'aie dû me laisser enfermer dans une prison pour m'en libérer ! » nous dit-il alors. Et en effet, tout s'était passé comme s'il avait absolument fallu qu'il y ait des obstacles pour les contourner, des adversités pour les surmonter, des infortunes pour les dépasser !

Ce que nous sommes n'a pas besoin de démonstration

Quant au besoin d'être reconnus en tant qu'individus, il est illusoire bien sûr. Individu, en effet, chacun l'est, définitivement. Ce mot, qui vient du latin *individuum* (« ce qui ne peut être divisé »), désigne le fait d'avoir une existence distincte de celle des autres. Le besoin d'être reconnus comme individus tendrait donc à établir ce qui est. Or ce qui est n'a aucun besoin d'être démontré. Nous sommes, vous êtes, ils sont, tous autant qu'ils sont, des êtres distincts de tous les autres, et entreprendre de le prouver est inefficace.

Ce qu'ils en disent

Fazıl Hüsnü Dağlarca : « Nous, les hommes, nous sommes tous séparés. Dans le ciel fraternisent les oiseaux, et les loups sur la terre[1]. »

Les bouddhistes (proverbe) : « C'est réunis que les charbons brûlent ; c'est en se séparant que les charbons s'éteignent. »

1. Cité par Kemal Silay, in *An Anthology of Turkish Literature*, Indiana University Turkish Studies Dpt, 1996.

Nous sommes des êtres uniques et spécifiques

Mais il faut bien, objecteront certains, avoir une identité propre. Vaste illusion qui autorise à se croire différent parce qu'une croix, un croissant de lune, une étoile à six branches ou un encens parfumé marque le lieu de ses prières ! Le juif marque sa différence par rapport à celui qui ne l'est pas, mais dans un espace où tout le monde le serait, il la marquerait selon qu'il serait ashkénaze ou sépharade, alsacien ou nord-africain, noir d'Éthiopie ou blanc d'Occident. De même ferait le musulman qui souligne sa différence par rapport aux « mécréants », mais qui, en terre d'islam, se distingue des autres selon qu'il est chiite ou sunnite, marocain, égyptien, indonésien ou albanais ! Et quand il n'y aurait plus, dans le monde, qu'une seule religion, qu'une seule couleur, qu'une seule nation, il y aurait, à demeurer dans une logique identitaire, encore des clans pour que les uns se croient supérieurs aux autres, et *vice versa*.

Ce n'est pas pour autant que la différence n'existe pas, au contraire, mais les hommes la situent là où elle n'est pas. Nul n'est différent, en effet, parce qu'il proclame son « moi, je » qui pense ceci ou cela avec force et conviction. « Le péché en moi dit “je”[1] », écrivait Simone Weil. Et nul n'est différent qui, pour échapper à la masse dans laquelle il se croit fondu, ne trouve rien de mieux que de grossir les rangs d'une sous-masse. Car voilà une bien curieuse façon d'être différent qui consiste, étendard élevé, à reproduire les mêmes rituels, les mêmes attitudes, les mêmes façons de penser, les mêmes propos, la

---

1. Simone Weil, *La Pesanteur et la Grâce*, Pocket, 1991, p. 39.

même éducation, les mêmes coutumes, les mêmes recettes et les mêmes gestes que ceux des générations antérieures. Au lieu de donner libre cours à sa créativité, ce qui suppose évidemment un dépassement de soi, l'être humain préfère être différent par comparaison et par répétition, ce qui revient à ne pas l'être, ou si peu. Qui nous sommes n'est-il pas infiniment plus grand que les étiquettes posées sur notre front pour nous classer parmi *les nôtres* – pronom possessif s'il en est –, afin d'être *des leurs* – pronom tout aussi possessif ? Sommes-nous des êtres de répétition ou des êtres de création ? Notre identité, ne sommes-nous pas venus avec elle ? Ne sommes-nous pas des êtres uniques, n'êtes-vous pas naturellement un être unique, à nul autre pareil ? Sauf à être cloné, il n'y en a pas deux comme vous dans le monde, si bien que, différent, vous l'êtes de naissance, comme chacun des êtres humains qui peuplent cette planète. Ni plus ni moins. Ni supérieur ni inférieur. Ni en avance ni en retard. Ni au-dessus ni en dessous. Votre identité est juste qui vous êtes, sans nul besoin de marquer et de faire remarquer ce qui vous distingue des autres et qui, au contraire de vous différencier, vous fait ressembler, imiter et reproduire.

Notre identité n'a point besoin d'artifice. Elle est, en grande partie, notre génome. Elle est tout ce que nous sommes, qui inclut d'où nous venons. Elle est où nous allons, qui n'appartient à personne d'autre qu'à nous. Elle est nos talents. Elle est nos résistances. Elle est notre ombre. Elle est notre lumière. Tel un diamant qui n'a rien à revendiquer pour être reconnu comme tel, elle est notre richesse que personne ne peut ni ne pourra jamais nous enlever.

L'ILLUSION, CE LANGAGE QU'ON COMPREND À FORCE DE DÉSILLUSION

Hélas ! il semble que ce que l'on ne comprend pas par la sagesse, on le comprend par la souffrance. C'est pourquoi la plupart des êtres humains traversent bien des zones de turbulences avant de se rendre compte, un jour peut-être, du caractère illusoire de toute revendication identitaire, de toute appartenance, et donc de toute séparation.

« Les illusions ne seraient pas si répandues, écrivait Jung, si elles ne servaient pas à quelque chose[1]. » Et n'est-ce pas, d'ailleurs, ce que démontrent toutes les guerres au lendemain desquelles les anciens belligérants, déplorant un incroyable gâchis, comprennent à quel point ils sont frères ? Et l'illusion, alors, n'est-elle pas le moyen auquel, faute de mieux, la vie a recours quand elle veut – et ne veut-elle pas toujours ? – nous ramener à la réalité de notre être ? L'illusion n'est-elle pas comme une langue que nous pouvons comprendre ?

Songeons, un instant, à ce que disent les chansons diffusées sur les ondes, que ce soit dans le registre d'hier :

> « Comme l'argile
> L'insecte fragile
> L'esclave docile
> Je t'appartiens
> De tout mon être
> Tu es le seul maître
> Je dois me soumettre
> Je t'appartiens [...]
> Si tu condamnes

---

1. C. G. Jung, *Collected Works 14 (Mysterium Conjunctionis)*, Bollingen Series XX, Pantheon Books, 1963, § 739.

Si tu me damnes
Voici mon âme
Voici mes mains
Avec les peines
L'amour et la haine
Coulant dans mes veines
Je t'appartiens[1] »

Ou dans le registre d'aujourd'hui :

« Oh je t'appartiens
Je t'appartiens
Et toi, toi
Tu m'appartiens aussi
Tu remplis ma vie[2]... »

À quoi cela nous mène-t-il, d'appartenir à l'autre et que l'autre nous appartienne ? Où donc cela nous mène-t-il, sinon à croire que notre bonheur dépend d'autrui et que nous pouvons, nous-mêmes, faire son bonheur ? Où donc cela nous mène-t-il, sinon à être malheureux – tout le contraire du but ! –, puisque notre bonheur ne dépend de personne d'autre que de nous ? Où donc cela nous mène-t-il, sinon à être pitoyables puisque, quoi que nous fassions, nous n'avons pas le pouvoir de faire le bonheur de l'autre ? Et nous le savons bien, en fait, même si nous avons du mal à nous défaire de l'influence des contes de fées qu'on nous a racontés. Nous savons bien que nous aurons beau nous couper en quatre pour tenter de rendre heureux qui que ce soit, nous n'y parviendrons jamais. Nous savons bien aussi que l'autre peut aller décrocher la lune pour notre contentement,

1. Gilbert Bécaud, Léopold François et Pierre Delanoë, « Je t'appartiens », 1970.
2. Lenny Kravitz, « I Belong to You ».

mais ses efforts seront vains car ensuite nous voudrons les étoiles, et quand nous aurons les étoiles, nous voudrons le soleil ! En fait, soyons honnêtes : si nous laissons à l'autre le pouvoir de nous rendre heureux, c'est, avouons-le, parce que cela nous arrange bien ! N'est-ce pas que, en procédant de cette façon, nous nous réservons la possibilité d'imputer nos misères à ses manquements et à ses insuffisances ? N'est-ce pas que, de cette façon, nous pouvons prétendre n'être pour rien dans notre infortune ? Et voilà pourquoi, sans doute, nous nous laissons bercer par nos illusions ! Et elles nous bercent encore et encore, jusqu'à ce que nous n'en puissions plus, d'être ainsi balancés ! Et elles nous bercent jusqu'à ce qu'elles aient rempli leur fonction qui consiste, si surprenant que cela puisse paraître, à se faire expulser de nos vies ! Oui, la finalité d'une illusion est de disparaître, comme s'effacerait un maître dont le disciple atteindrait la maîtrise.

Mais nous pouvons faire partie sans appartenir

Il y a du bon, cependant, à se retrouver en famille à déguster une recette traditionnelle que les femmes se sont transmise de génération en génération, à se réunir avec des membres de sa communauté pour reprendre en chœur des chansons que chantaient nos grands-mères et arrière-grands-mères, à se rassembler sous un drapeau qui évoque la liberté pour laquelle nos aînés se sont battus, à réciter une prière à Dieu à l'unisson avec celles et ceux qui partagent la même foi.

Certes, mais avons-nous à l'esprit que d'autres, différents de nous, éprouvent du plaisir à déguster des saveurs différentes, à entonner des chants dans une autre langue, à hisser un drapeau arborant d'autres couleurs, à prier Dieu selon un autre rite. Car c'est ainsi que tout en faisant partie, on n'appartient pas et que nous ne faisons qu'un, y compris avec ceux qui, de nous, sont différents.

QU'EST-CE QUE ÇA IMPLIQUE DE NE FAIRE QU'UN ?

L'idée est jolie, sans doute, de ne faire qu'un avec Dieu – pour ceux qui s'y réfèrent –, un avec la nature et un avec tous les hommes. Est-ce seulement possible et comment peut-on imaginer de ne faire qu'un avec tel assassin, tel monstre, tel démon ? C'est inconcevable bien sûr, à moins que, dans ces cas extrêmes, faire un avec l'autre ne signifie seulement – mais c'est déjà beaucoup – qu'on l'envisage comme une partie de soi qui peut interpeller ce qui demeure en soi qui est de l'ordre de l'agressivité, de la violence ou de l'intolérance et donc, à l'instar de Etty Hillesum, précédemment citée : « de rentrer en soi-même et d'extirper de son âme toute cette pourriture[1] » ; à moins que faire un avec l'autre ne signifie, sans vouloir aucunement justifier les crimes commis, qu'on le considère néanmoins comme un être humain qui a précisément oublié à la fois qui il était, et que nous ne faisons qu'un, et dès lors œuvrer plus encore et, plus que jamais, pour que tous en aient conscience, en commençant par soi-même.

1. Etty Hillesum, *Une vie bouleversée*, *op. cit.*

3

La grandeur perdue

Il n'est plus guère contestable aujourd'hui que la séparation de chaque petit d'homme d'avec sa mère constitue un traumatisme. Il n'est pas davantage contestable, comme l'ont montré de nombreux travaux scientifiques dont ceux de John Bowlby[1], que mieux sont franchies, dans le cadre d'un attachement sécurisant, les étapes successives de la séparation, mieux est assuré le développement psychologique de tout individu. Mais n'est-il pas opportun de mettre en avant, aussi, une autre séparation dont on parle moins et qui s'opère à l'aube de chaque vie ? Séparation qui donne son empreinte à toute notre existence ? Séparation d'où est issu le personnage dont nous jouons le rôle ? Et séparation dont le nécessaire dépassement est un défi incomparable ?

Nous sommes tout à la fois ombre et lumière

Rousseau, c'est bien connu, disait, quand bien même sa pensée était plus nuancée, que « l'homme est naturellement

1. John Bowlby, notamment *Attachement et perte*, vol. 1, 2 et 3, PUF, 1978.

bon[1] », et il s'opposait à Hobbes pour qui « l'homme est un loup pour l'homme[2] », si bien que des générations de lycéens ont eu, un jour ou l'autre, à plancher sur ce sujet et à opter pour la bonté ou pour la méchanceté de l'homme. « Or, en ayant appris à nous connaître un peu mieux nous-mêmes, intervient Nicole, en ayant appris, aussi, à connaître toujours davantage les êtres humains, pour en avoir accompagné beaucoup jusque dans les profondeurs a priori les plus insondables de leur inconscient, nous pouvons envisager qu'à l'origine, nous sommes, les uns et les autres, tout à la fois ombre et lumière. » Nous ne sommes pas que *bons*, puisque nous naissons, qu'on le veuille ou non, avec la mémoire millénaire de peurs, de violences, de culpabilité, de honte, de ressentiments, héritée de notre peuple, de nos aïeux et de nos parents. Et nous ne sommes pas que *mauvais* non plus, car, si « la nuit est en nous, point ailleurs, écrit André Comte-Sponville, […] en nous aussi [est] la lumière[3] ».

OÙ EST PASSÉE NOTRE GRANDEUR ?

Dans *Antoine et Cléopâtre*, Shakespeare fait dire à l'un de ses personnages : « L'âme ne se sépare pas du corps avec plus de douleur que l'homme de sa grandeur[4]. » Et c'est bien de cela qu'il s'agit, en effet : de la séparation d'avec notre grandeur ! Nous avons renoncé à notre lumière ! Nous l'avons abandonnée – en partie, du moins – parce qu'elle était trop

1. Jean-Jacques Rousseau, *Discours sur l'origine et les fondements de l'inégalité parmi les hommes*, 1755.
2. Thomas Hobbes, *Léviathan*, 1651.
3. André Comte-Sponville, *Traité du désespoir et de la béatitude*, vol. 1 : *Le Mythe d'Icare*, *op. cit.*, p. 11-12.
4. William Shakespeare, *Antoine et Cléopâtre*, acte IV, scène 11.

forte ! Parce que nous ne pouvions pas survivre, dans le monde tel qu'il est, en rayonnant d'elle ! Parce que nous allions faire de l'ombre aux autres et, ainsi, nous attirer de gros soucis !

Mais si nous avons renoncé à faire briller notre lumière, n'était-ce pas pour que la vie nous conduise à la retrouver ?

N'avez-vous jamais songé à votre grandeur perdue ? N'avez-vous pas eu quelquefois le sentiment d'avoir laissé quelque chose de précieux en chemin ? N'avez-vous pas ressenti, de temps à autre, que votre rayonnement avait dû, naguère, être plus intense ? Ne vous êtes-vous jamais dit, étant sorti de vos gonds, que vous ne vous reconnaissiez pas vous-même ? Ne vous êtes-vous pas quelquefois mis hors de vous ?

Hors de moi, qui est moi ?

Eh oui ! avez-vous admis un jour : « Ça m'a mis hors de moi ! » ? « Hors de moi », comme s'il y avait, d'un côté, « moi », et, d'un autre côté, « l'en dehors de moi » ! En dehors de moi, pourrions-nous nous demander, dans ces moments-là, où suis-je ? Dans quel espace me situé-je ? Dans celui de qui je suis ou dans celui de qui je ne suis pas ? Et si l'« hors de moi », qui se révèle de temps à autre lorsque nous laissons notre rage exploser, n'était pas qu'un incident provoqué par quelque chose ou quelqu'un d'extérieur à nous ? Et si c'était la goutte faisant déborder le vase contenant tout ce que nous ne sommes pas ? Et si c'était la vie qui, dans ces moments-là, provoquait des circonstances susceptibles d'appeler notre attention sur qui nous sommes vraiment ? Qu'est devenu ce vrai « moi » hors duquel nous nous sommes mis ?

L'histoire du Déluge qui fit embarquer Noé sur son arche n'est peut-être pas sans rapport avec tout cela.

Comme nombre de mythes de la Genèse, elle met en scène un héros qui n'est, à bien y réfléchir, nul autre que chacun de nous. Car n'est-ce pas nous, en effet, et personne d'autre, qui nous sommes construit à la hâte une arche de survie, dans laquelle nous avons embarqué au plus vite tout ce qui pouvait être sauvé quand vint l'heure de nous séparer d'une partie de nous-mêmes ? Imaginez : vous venez de naître ou, même, vous êtes peut-être encore un fœtus, et voilà qu'on vous signifie qu'il va falloir vous adapter à ce monde et qu'il n'y a pas d'autre moyen pour cela que de rentrer dans la peau du personnage correspondant aux attentes de votre entourage. Imaginez ! Un naufrage menace tout votre être ! Que faire ? Impossible de l'éviter, car il est déjà là ! Il va donc falloir sauver ce qui peut l'être ! Emporter ce que vous pouvez de votre splendeur ! Ce sera toujours ça de gagné ! Chacun connaît la suite de l'histoire. À force de nous recroqueviller dans une coque dont nous avons fait notre radeau de sauvetage, nous en avons pris la forme. À force de nous adapter à notre environnement, nous nous sommes bâti un personnage, nous avons joué les rôles pour lesquels on nous a pressentis et nous nous sommes installés, pour longtemps, *hors de nous*.

Ce qu'ils en disent

William Shakespeare : « Le monde entier est un théâtre, / Et tous les hommes n'en sont que les acteurs. / Et notre vie durant, nous jouons plusieurs rôles[1]. »

1. William Shakespeare, *Comme il vous plaira*, acte II, scène 7.

« Je tiens ce monde pour ce qu'il est : un théâtre où chacun doit jouer son rôle[1]. »

Stanisław Jerzy Lec : « Parfois, ce n'est qu'en quittant la scène qu'on peut savoir quel rôle on a joué[2]. »

Nous nous sommes donc, du moins la plupart d'entre nous, identifiés à notre corps, à nos mémoires, à nos croyances et à nos peurs, jusqu'à n'en plus pouvoir ! Jusqu'à exploser de rage et, sous un prétexte quelconque, nous mettre hors de nous ! Jusqu'à ce que nous passions à autre chose ! Jusqu'à ce que nous retrouvions enfin la trace de ce que Jean-Jacques Rousseau appelait : « le caractère original de notre âme[3] » !

Exercice

Installez-vous confortablement. Mettez-vous à l'aise. Détendez-vous profondément et imaginez maintenant le tout début de votre existence. Imaginez le temps d'avant que votre mère ne vous communique ses angoisses, le temps d'avant que votre père ne vous transmette ses croyances, le temps d'avant que l'un et l'autre aient un projet

1. William Shakespeare, *Le Marchand de Venise*, acte I, scène 1.
2. Stanisław Jerzy Lec, *Nouvelles Pensées échevelées*, trad. André et Zofia Kozimor, Rivages Poche, n° 306, 2000, p. 160.
3. Jean-Jacques Rousseau, *Émile ou De l'éducation*, 1762.

pour vous. Imaginez ce temps-là. C'était peut-être à votre naissance. C'était peut-être dans le ventre qui vous portait. C'était peut-être – qui sait ? – au moment de votre conception. C'était peut-être – pourquoi pas ? certains l'envisagent ainsi – lorsque vous n'étiez encore que poussière d'étoile. En ce temps-là, en ce temps d'avant votre adaptation à ce monde, à quelque époque que ce fût, qui donc étiez-vous ?

Le caractère original de notre âme

Et, en effet, les cabinets de thérapeutes regorgent de personnes qui plongent dans les tréfonds de leur histoire pour voir comment les préjugés ont eu prise sur elles ; elles visitent l'intérieur de leur cœur pour découvrir combien l'estime des autres les a contraintes à paraître ce qu'on attendait d'elles ; elles s'immergent dans leur inconscient pour y retrouver leur soumission aux volontés des uns ou des autres. Mais qu'étaient-elles avant ? Si elles n'ont pas toujours été comme elles sont, c'est qu'elles étaient autrement ? Si nous n'avons pas toujours été comme nous sommes – depuis plus d'un siècle, la psychanalyse en atteste –, qu'étions-nous avant ?

> « Figurez-vous un monde idéal semblable au nôtre et néanmoins tout différent. [...] Les passions y sont [...] plus simples et plus pures [...]. Les habitants du monde idéal dont je parle ont le bonheur d'être maintenus par la nature, à laquelle ils sont plus attachés, dans cet heureux point de vue, où elle nous a placés tous et, par cela seul,

leur âme garde toujours son caractère originel. [...] Les préjugés ont sur eux peu de prise, l'opinion ne les mène point. [...] Ainsi bornés de toutes parts par la nature et par la raison, ils s'arrêtent et passent la vie à en jouir, en faisant chaque jour ce qui paraît bon pour eux et bien pour autrui, sans égard à l'estimation des hommes et aux caprices de l'opinion[1]. »

Jean-Jacques Rousseau

Lorsque l'on est attentif aux malheurs des uns, aux déconvenues des autres, aux drames que vivent nos semblables, aux histoires incroyables qui sont rapportées dans un cabinet et dont, bien souvent, aucun scénariste ne voudrait pour un film tant elles sembleraient invraisemblables au spectateur – alors que, pourtant, elles sont plus vraies que vraies –, on peut vérifier, chaque jour, qu'il n'est pas un être humain qui ne soit coupé d'une partie de lui-même et qui ne l'ait oublié ! L'avocat le constate aussi et, s'il se crée un lien entre lui et son client dont la cause est insoutenable aux yeux de l'opinion, c'est bien pour cette raison que, derrière les apparences les plus horribles, il y a une âme au fond de chacun et que, s'il est méchant, c'est pour lui, comme dit Jankélévitch, « un infini malheur[2] ». Un infini malheur parce que ses actes montrent combien le personnage dont il joue le rôle, autrement dit son ego, a pris toute la place, et combien il a oublié la réalité de son être.

Et cela ne vaut pas que pour le méchant, évidemment. Vient un temps alors où, à force d'oubli, à force de déboires, à force de répétitions, à force d'épreuves, nous nous rendons compte, nous-mêmes, des rôles que nous jouons.

1. Jean-Jacques Rousseau, *Émile ou De l'éducation*, 1762.
2. Vladimir Jankélévitch, *Le Pardon*, Aubier-Montaigne, 1967, p. 109.

Cela n'est pas donné à tout le monde, il est vrai, et certains passent leur existence tout entière allant de tourments en galères, sans jamais s'éveiller à eux-mêmes. La vie alors, avait écrit Aragon, « aura passé comme un grand château triste que tous les vents traversent[1] ».

Il se peut même que ceux qui repartent ainsi emportent leurs rôles jusque dans la mort.

Cela signifie-t-il que la vie n'aura pas voulu le meilleur pour eux ? Peut-être. À moins qu'elle ne l'ait voulu et que, malgré toute l'énergie qu'elle a mise à se faire entendre, malgré son insistance, ils n'aient rien voulu savoir. « Il n'est pire sourd que celui qui ne veut pas entendre », chacun connaît la formule ; ce contre quoi même les épreuves de la vie ne peuvent pas grand-chose, quelquefois.

Est-ce pour rien, alors, que de telles destinées ont été vécues ? Peut-être pas.

Si votre grand-oncle a quitté ce monde au terme d'une existence toute d'avarice, de petitesse et de méchanceté, n'a-t-il pas été pour ses enfants et petits-enfants, comme pour ses neveux et petits-neveux, un exemple à ne pas suivre ? N'a-t-il pas, sans le savoir, sans le vouloir, appris à son entourage l'abondance, la générosité, le partage ? Et qui sait si, s'agissant de lui-même, ces comportements qu'il avait adoptés n'étaient pas, dans le contexte de son histoire, la seule défense qu'il a pu trouver pour éviter le pire ?

Si votre voisine s'en est allée après vous en avoir fait voir de toutes les couleurs pendant tant d'années, qui sait si vous ne vous êtes pas installé près d'elle pour qu'elle donne la réplique à votre propre personnage, et qui sait si,

---

1. Louis Aragon, *Je me tiens sur le seuil de la vie et de la mort*, « Épilogue », in *Les Poètes*, Gallimard, coll. « NRF », 1993.

à l'instant de son dernier souffle, elle n'a pas eu la prise de conscience à laquelle seule sa mesquinerie pouvait la conduire ? Et qui sait donc si le meilleur que la vie peut vouloir, pour les uns et les autres, ne se situe pas, bien souvent, au-delà de notre champ de vision habituel ?

4

La simplicité de l'essentiel

Ainsi, la séparation, nous connaissions bien. Elle est cette circonstance sans laquelle aucune naissance, aucun sevrage, aucune autonomie ne serait jamais possible. Tout enfant qui la connaît déjà, ne serait-ce que pour être né et pour être passé de giron en biberons, y est initié davantage encore par ses parents qui lui demandent : « Et c'est pour qui, ce joli nounours ? » Ou encore : « Qui est-ce qui va aller faire un tour de manège après un bon dodo ? » Autant de questions qui appellent comme réponse : « C'est moi ! » Un moi qui, c'est logique, pleure à chaudes larmes si l'on touche à son jouet, un moi qui veut arriver le premier au sommet du talus, et un moi qui, les années passant, se positionne bien souvent, à coups de « moi, je », en opposition à autrui. Or, autant celui ou celle que nous sommes vraiment n'aurait eu besoin de rien pour exister – ce que nous sommes ne se discute pas –, autant le personnage dont nous avons épousé le rôle a eu besoin de se croire séparé des autres pour pouvoir s'affirmer.

Il n'y a rien à faire qu'à être

Il a été aidé en cela par les autres personnages présents dans sa vie qui, tous, à la maison, à l'école, à la télé, dans les livres et, pour la génération la plus récente, sur les réseaux sociaux, fonctionnaient sur un mode séparatiste. Quand bien même, il aurait voulu jouer à autre chose, comment l'aurait-il pu, puisque les uns et les autres ne connaissaient rien d'autre que cette partition-là ? Et c'est sur ce même mode que nous avons élaboré jusqu'à notre façon de penser. Combien de fois, en effet, dans une journée, nous limitons-nous en envisageant les situations, quelles qu'elles soient, de manière alternative ? Est-ce que ceci ou est-ce que cela ? Est-ce que c'est vrai ou est-ce que c'est faux ? Est-ce que Freud ou est-ce que Jung ? Est-ce que Rousseau ou est-ce que Hobbes ? Est-ce qu'on va ici ou est-ce qu'on va là ? Est-ce qu'on part en vacances ou est-ce qu'on change de voiture ? Est-ce qu'on inscrit les enfants au piano ou est-ce qu'on leur fait faire du tennis ? Nous fonctionnons sur le mode « ou… ou… », alors que, bien souvent, même si ce n'est pas toujours le cas, « et… et… » est tout à fait possible. C'est le « en même temps » du président. On peut même se demander si, lorsque « et… et… » semble infaisable, ce n'est pas précisément parce que nous nous rétrécissons en pensant « ou… ou… ».

Mais alors, que faire ?

Il arrive souvent que la séparation produise un conflit et que celui-ci nous fasse entreprendre une démarche pour le résoudre. Il existe même des spécialistes de la gestion des conflits et même, dans les entreprises, des formations qui portent cet intitulé. Mais les solutions proposées, sans être dénuées d'intérêt, sont d'ordre comportemental. Elles tendent à régler un problème particulier, mais laissent de côté la question centrale qui est celle de la séparation d'avec nous-mêmes.

On peut comprendre, à bien y réfléchir, que cette partition de notre unité ait été douloureuse. N'avez-vous jamais songé, d'ailleurs, à la raison pour laquelle nous sommes capables de nous souvenir de tout, sauf de ce qui s'est passé au cours des deux ou trois premières années de notre vie ? Freud avait relevé qu'en effet, « les premiers souvenirs d'enfance d'une personne se rapportent le plus souvent à des choses indifférentes et secondaires, alors qu'il ne reste dans la mémoire des adultes aucune trace (je parle d'une façon générale, non absolue) des impressions fortes et affectives de cette époque[1] ». Et n'est-il pas raisonnable de considérer que, si nous avons laissé plonger dans l'oubli toute une période de notre vie – et quelle période, puisque c'est celle où l'on découvre le monde, où, en à peine deux petites années, on emmagasine toutes les informations permettant l'acquisition parfaite d'une langue tout entière ! –, c'est parce qu'elle est associée, quelque part, au fond de nous, à une immense souffrance ? Incroyable, non ? Incroyable, la vie ! Elle veut tellement le meilleur pour nous qu'elle est capable de faire en sorte que nous puissions nous souvenir de très nombreux événements, mais pas des circonstances qui nous ont fait le plus mal !

Alors, que faire ? disions-nous. Que faire pour renoncer au personnage dans la peau duquel on est entré, un jour, il y a très longtemps ? Que faire lorsque l'on aspire à retrouver son être véritable ? Que faire pour réaliser cette unité chère à nos cœurs ?

---

1. Freud, *Psychopathologie de la vie quotidienne*, *op. cit.*, chap. 4, « Souvenirs d'enfance et souvenirs-écrans », p. 275.

Faire, faire et encore faire ! Et si, pour une fois, « une seule fois peut-être[1] », aurait dit Robert Desnos, il n'y avait rien à faire ? Car *faire* s'inscrit justement dans la logique du personnage, celui-là même qui a besoin toujours et encore de *faire*, et aussi, soit dit en passant, d'*avoir*, pour exister. C'est même ce qui le caractérise, lui qui a dû constamment *faire* pour être aimé, *faire* pour être accepté, *faire* pour être reconnu, *faire* pour exister. L'être, celui auquel nous avons dû renoncer, l'être n'a rien à faire. L'être a juste à être.

Exercice de conjugaison

Il s'agit ici de mesurer votre aptitude à conjuguer les verbes « faire », « avoir » et « être ».

Songez à trois actions ou trois types d'actions que vous avez l'habitude de *faire* pour être apprécié(e) :

–

–

–

Songez maintenant à trois choses, éléments, circonstances qu'il vous faut *avoir* pour être apprécié(e) :

–

–

–

Et imaginez, maintenant, que vous êtes apprécié(e) quoi que vous fassiez et quoi que vous ayez. Dans ce contexte, que rêveriez-vous d'être ?

1. Robert Desnos, *Destinée arbitraire*, Gallimard, 1975.

Que rêveriez-vous d'être sans avoir rien à démontrer ?

–

–

–

Vers l'essentiel

Par définition, chacun l'aura compris, il n'y a pas de recette pour être. Il y a juste – mais c'est considérable – un chemin à prendre, une discipline à adopter, une détermination à conserver, et de la patience, une infinie patience, à mettre en œuvre. C'est tout un processus, que Jung a appelé « individuation » : « La voie de l'individuation signifie tendre à devenir un être réellement individuel et, dans la mesure où nous entendons par individualité la forme de notre unicité la plus intime, notre unicité dernière et irrévocable, il s'agit de la réalisation de son Soi, dans ce qu'il a de plus personnel et de plus rebelle à toute comparaison[1]. »

Il n'y a même pas, pour être, à lutter contre le personnage qui a longtemps dirigé notre vie. Après tout, ne nous a-t-il pas rendu d'immenses services ? Ne lui devons-nous pas de nous avoir défendus contre toutes sortes d'agressions ? Et n'est-ce pas grâce à lui que nous avons pu nous adapter à ce monde ? N'est-ce pas grâce à lui et à tout ce qu'il nous a fait voir que nous pouvons retrouver qui nous sommes vraiment ?

---

1. C. G. Jung, *Dialectique du moi et de l'inconscient*, Gallimard, coll. « Folio essais », 2001, p. 115.

Mais ne tendons-nous pas à devenir ce que nous sommes qu'à partir de ce que nous ne sommes pas ? Et n'est-ce pas pourquoi ce que nous ne sommes pas et que nous avons cru que nous étions mérite infiniment de respect ? « Les méandres de l'ombre, écrit Guy Corneau, ne servent à rien d'autre qu'à [nous] épuiser, qu'à faire mourir en [nous] tout autre désir que celui de vivre quelques instants de paix véritable. Les miroirs de l'ombre servent à [nous] pousser fermement vers la simplicité de l'essentiel[1]. »

1. Guy Corneau, *Victime des autres, bourreau de soi-même*, Robert Laffont, 2003.

5

La finalité de toute séparation

Nous vivons séparés les uns des autres et, en même temps, nous avons le plus grand mal à nous séparer. Nous en faisons des drames et, parfois même, nous ne nous remettons jamais d'une séparation.

Cécile confia à son groupe de thérapie combien la mort de son frère aîné, qui s'était tué, vingt ans plus tôt, dans un accident de moto, avait été pour ses parents une épouvantable tragédie. Elle comprenait, bien sûr, qu'il n'y a sans doute rien de plus tragique que de perdre un enfant, et elle admettait, bien sûr, qu'elle ne savait pas comment elle réagirait si cela devait lui arriver un jour. Mais elle en voulait terriblement à ses parents d'avoir été en deuil sans discontinuer, pendant toutes ces années. Et elle en voulait aussi, même si c'était encore plus difficile à avouer, à son frère défunt d'avoir en quelque sorte réussi à monopoliser, par le fait même de sa mort, toute l'attention de ses parents.

« Il n'y en avait que pour lui ! dit-elle. Mon autre frère, ma sœur et moi comptions à peine ! [...] En réalité, ajouta-t-elle, le véritable bilan de l'accident de mon frère a été un mort – lui –, deux morts vivants – mes parents – et trois blessés graves – leurs autres enfants laissés-pour-compte. »

Le fait est, pourtant, que la douleur de la séparation existe ; mais nous avons si peu appris à faire avec, si peu appris à la respecter, si peu appris à la vivre intensément que nous la remplaçons souvent par une souffrance infinie. C'est comme si cette souffrance, celle qui résulte non pas de la séparation elle-même, mais de l'histoire qu'on se raconte à son propos, nous permettait d'éviter l'intensité de la douleur. Vous rendez-vous compte ? Nous nous racontons des histoires qui nous font souffrir afin de ne pas ressentir ou de moins ressentir notre vraie douleur ! Nous redoutons notre douleur et, pour y échapper, nous nous faisons encore plus de mal. Et nous la redoutons aussi, parce que nous savons que, si nous la vivons profondément et authentiquement, nous pourrons tourner la page, ce que, fort souvent, même si nous prétendons le contraire, nous ne voulons pas. Nous préférons rester attachés à l'autre, ou aux circonstances, par une souffrance qui n'en finit pas.

Plutôt un lien pénible que pas de lien du tout

Je me souviens – c'est Jacques qui raconte – de cette femme qui a usé des moyens les plus invraisemblables pour conserver le lien avec son mari, un éminent chirurgien parisien, qui avait résolu de la quitter. Au lieu de vivre sa douleur pour passer ensuite à autre chose, elle a systématiquement nié ce qu'elle ressentait et elle s'est acharnée à montrer sa souffrance à tous en usant pour cela de nombreux stratagèmes. Elle a d'abord refusé de se soumettre à la décision du juge accordant au père le droit de voir sa fille un week-end sur deux et il a fallu une procédure correctionnelle et un an d'emprisonnement avec sursis pour qu'elle entende raison. Elle n'en est pas restée là puisqu'elle a alors adressé à son ex-époux, à l'hôpital où il travaillait et pendant des mois, une avalanche de cartes postales anonymes au contenu ordurier et pornographique et, malgré ses dénégations, une expertise judiciaire a établi qu'elle était bel et bien l'auteur de ces envois. Elle a ensuite multiplié les demandes d'augmentation de pension alimentaire, à raison d'une par an, retardé autant qu'elle a pu les opérations de liquidation de la communauté, prétendue, à cette occasion et en dernier recours, qu'elle était atteinte d'une maladie grave, et déposé une plainte contre son ex-mari devant le conseil de l'ordre des médecins, pour violation du secret médical, parce qu'il avait osé écrire qu'elle ne souffrait pas du mal qu'elle revendiquait.

Ainsi, de procédure en procédure, elle avait réussi, pendant plus de dix ans au-delà de leur séparation effective, à garder un contact permanent avec celui qui avait été son mari.

Il est fréquent, en effet, même sans atteindre de pareilles extrémités, que, faute d'avoir appris à nous séparer dans l'amour, nous ne respections pas le choix de l'autre. Nous l'aimons de façon si possessive et si maladroite que nous ne trouvons rien d'autre que la souffrance et le conflit pour maintenir un lien avec cette personne. Au lieu de poursuivre notre chemin en lui conservant notre affection, au lieu, si nous l'aimons vraiment, d'accepter qu'elle trouve son bonheur en dehors de nous, et au lieu de continuer à nous émerveiller chaque jour des cadeaux de la vie, nous disons : « Et moi, et moi, et moi ! » Nous disons : « Pauvre de moi ! Qu'est-ce que je vais devenir ? » Nous pleurons sur nous-mêmes indéfiniment et nous nous installons pour longtemps dans la position de victime.

Dans le discours que nous tenons, nous prétendons vouloir nous libérer de la souffrance de la séparation, mais, dans le fond, ne voulons-nous pas plutôt la conserver ? Plutôt la souffrance que rien, pensons-nous ; et c'est ainsi que, de façon plus générale, nous maintenons le lien avec nos parents, avec nos aïeux, avec notre lignée ! Vous imaginez, cesser de souffrir, ce serait comme les trahir !

L'amour est un lien d'éternité

Simon – c'est Nicole qui raconte – avait miraculeusement survécu à l'Holocauste, mais il avait passé sa vie à détruire son corps. Depuis la fin de la guerre, en effet, il n'avait cessé de développer une pathologie après l'autre et il ne comptait plus le nombre d'interventions chirurgicales qu'il avait dû subir. Ainsi, il parvenait à se faire payer infiniment cher le fait que, au moment où la Gestapo était venue le chercher, c'était son frère qui avait été pris à sa place. Il refusait de pardonner. Il refusait de se pardonner. Vers la fin des années 1980, il était venu me voir pour tout autre chose – à moins que cette autre chose ne fût qu'un prétexte –, et c'est à cette occasion qu'il m'a raconté son histoire. Je me souviens de ses protestations véhémentes lorsque j'ai osé lui demander à quoi lui servait de se faire autant de mal, et c'est alors qu'il découvrit, la surprise étant passée, à quel point la haine qu'il éprouvait et qu'il avait retournée contre lui lui avait permis de rester fidèle à son frère, de conserver avec lui un lien étroit et de ne pas trahir sa mémoire. Il n'avait jamais songé, auparavant, qu'il pouvait parvenir au même résultat sans se ronger les sangs ni se détruire.

Il est vrai que l'on ne nous a jamais appris à nous séparer.

J'ai eu le privilège – c'est Jacques qui raconte –, ces dernières décennies, de célébrer plusieurs mariages auxquels les jeunes époux voulaient donner une dimension solennelle sans, pour autant, qu'elle soit religieuse. À chaque fois, dans le cadre de la préparation à la cérémonie, j'ai demandé aux fiancés s'ils pouvaient envisager que, si jamais cela devait arriver un jour, ils se séparent dans l'amour. Tout un chacun sachant que les divorces se font souvent dans la douleur et que les bagarres pour déterminer qui gardera les enfants, la maison, la télé, le chien, etc. ne sont pas rares, il me fallait expliquer que participe du véritable amour le fait d'accepter que l'autre s'en aille pour quelque raison que ce soit qui lui appartient. Aimer, en effet, commentai-je, aimer vraiment, c'est vouloir que l'autre s'épanouisse en fonction de ses propres aspirations, les siennes, pas les vôtres, insistai-je auprès de chacun, en sorte que, si ses aspirations sont ailleurs, quand même, selon vous, cet ailleurs serait illusoire, il n'y a pas d'autre option, par amour justement, que de s'incliner.

Et ce qui est incroyable, ajoutai-je, c'est que, sans le garantir absolument, l'engagement que vous prendrez, si vous en faites le choix, de vous séparer dans l'amour, cet engagement, paradoxalement, vous évitera la séparation.

Évidemment, parce que nous sommes animés d'un constant souci de cohérence entre ce que nous écrivons et ce que nous vivons, la question s'est souvent posée, bien sûr, de savoir si nous en serions, tous les deux, vraiment capables si cela devait advenir. Personnellement, je ne peux jurer de rien, bien entendu. Mais ce que je sais, c'est que, si nous sommes toujours ensemble, Nicole et moi, c'est parce qu'elle m'a souvent dit, lorsque j'ai pu exprimer des réticences par rapport à telle nouvelle aventure dans laquelle elle s'investissait : « C'est mon chemin ; si je le fais avec toi, j'en serais très heureuse ; mais si c'est sans toi, je le poursuivrai quand même. »

C'est si vrai que l'on ne nous a pas appris à nous séparer que nous avons souvent de grandes difficultés ne serait-ce qu'à nous dire « au revoir ».

Ainsi, dans ma famille – c'est Jacques qui témoigne ici –, c'est avec une certaine désinvolture qu'on se quitte jusqu'à la prochaine fois. On s'embrasse à peine, et surtout pas entre frères et sœurs. On se dit « Salut ! », et on s'en va.

Dans ma famille, au contraire – c'est Nicole qui continue –, nous prenons infiniment de temps pour nous quitter. Nous cherchons toujours à prolonger les moments où nous sommes ensemble et, quand vient l'heure de prendre congé, nous nous trouvons toujours, au moment des embrassades, de nouveaux sujets de conversation qui font, le temps ayant passé sur le pas de la porte, que nous nous embrassons de nouveau lorsqu'il faut vraiment partir.

D'un extrême à l'autre, ces façons si différentes de se séparer montrent combien nous cherchons inconsciemment à atténuer la douleur de la séparation.

Exercice

Et vous, comment vous y prenez-vous pour dire « au revoir » aux êtres qui vous sont chers ?

Nous pouvons, d'ailleurs, nous demander alors si notre façon de nous séparer, que ce soit jusqu'au lendemain, pour longtemps ou pour toujours, n'est pas en lien avec la façon dont nous avons vécu notre séparation avec notre mère. Et n'est-elle pas en lien avec la façon dont nous avons vécu la séparation d'avec notre grandeur ? N'est-elle pas en lien aussi avec la façon dont nous avons vécu la séparation avec le Grand Tout dont nous sommes issus ?

Nous pouvons même aller plus loin et nous demander si, dans le fond, toutes les séparations qu'il nous est donné de vivre ne surviennent pas, sur notre parcours, en substitut de ces autres séparations qui ont marqué notre vie. Ne sont-elles pas là parce qu'en fait, quelle que soit la douleur qui s'y attache, et par le fait même de cette douleur, elles nous ramènent à notre mère, à notre grandeur, au Grand Tout ?

N'est-ce pas incroyable ? Si paradoxal que cela puisse paraître, toute séparation aurait pour finalité de nous permettre de nous relier de nouveau à l'essentiel. Toute séparation serait là pour nous signifier que, d'une certaine façon, elle n'existe pas vraiment. Que si nous avons été physiquement séparés de notre mère, c'était pour qu'il nous soit permis de créer avec elle, de manière autonome, un lien d'amour éternel. Que si nous avons été séparés de notre grandeur, c'était pour rendre possible que nous allions nous-mêmes à sa rencontre. Et que si nous avons été séparés du « Un », c'est pour entreprendre, nous-mêmes, de le recréer !

> « Nous ne faisons qu'un, vous et moi
> Comme la Terre et le Ciel
> Une seule famille sous le soleil[1]. »

1. Marty Panzer et Jack Feldman, « We Are One », chanson tirée du *Roi Lion* (traduction libre de Jacques Schecroun).

Si ce n'est pas moi, qui ?

Mais, direz-vous, ce n'est pas parce que moi, dans mon coin, et pour autant que ce soit possible, je ne vivrais plus séparé de ma grandeur que les opposés cesseraient de l'être ! Et ce n'est pas parce que je ne me percevrais plus comme étant séparé des autres que ceux-ci cesseraient de se percevoir comme étant séparés de moi ! Et, pour tout dire, à quoi peut bien servir que je fasse l'effort de renoncer à mes bonnes vieilles habitudes si les autres n'en font rien ?

Il est sûr que nous n'avons pas le pouvoir, ni les uns ni les autres, de changer le monde, à moins que ce ne soit en nous changeant nous-mêmes ou, plus exactement, pour demeurer dans le contexte de ce chapitre, en nous retrouvant totalement nous-mêmes. Mais les autres et leur immobilisme supposé devraient-ils être un obstacle à notre propre transformation ? Ou bien les autres et leurs résistances à bouger sont-ils un habile alibi à notre propre immobilisme ? Étant observé que, si nous entrons dans la catégorie de ceux qui attendent que ce soient tous les autres qui commencent, nous ferons partie, pour quiconque serait tenté par l'aventure, de ces autres dont l'immobilisme justifierait qu'il n'avance pas. Et ainsi de suite, pour que chacun demeure dans son personnage jusqu'à la fin des temps ! Sauf à se lever et à déclarer, en s'inspirant du Talmud (tout en prenant, il est vrai, quelque liberté avec le texte original) :

> Si ce n'est pas moi, qui ?
> Si ce n'est pas ici, où ?
> Si ce n'est pas maintenant, quand ?

Pour autant, comment concilier mon aspiration à ne faire qu'un avec tout autre et l'absence de semblable volonté de la part d'autrui ? Comment y parvenir, spécialement lorsqu'un conflit survient ?

Je me souviens – c'est Nicole qui intervient ici – de cette amie qui me tenait dans la plus haute estime. Je voyais bien qu'elle faisait sur moi le transfert d'une mère parfaite, mais, même si je tentais bien souvent de freiner sa tendance à m'encenser, je ne pouvais rien faire pour changer son regard. Un jour, cependant, elle me convia à son anniversaire et, ayant un engagement professionnel par ailleurs, je dus décliner son invitation. Au moment où je lui disais que je regrettais de ne pouvoir être présente à la fête qu'elle organisait, j'ai senti que tout basculait. D'un seul coup, en effet, une tempête fit rage, et la colère qu'elle manifesta à mon endroit pour avoir commis ce crime majeur de ne pas être disponible le jour qu'elle avait retenu me fit passer du statut de la plus adulée de toutes ses amies à celui de la diablesse la plus épouvantable. Au cours des jours et des semaines qui suivirent, j'eus beau lui renouveler mes excuses, rien n'y fit. Pis encore, il semblait que son ressentiment augmentait, alimenté de toutes sortes de circonstances tirées de notre passé commun qu'elle réinterprétait. Cette séparation m'attrista infiniment. Manifestement, l'obliger à une réconciliation n'était pas de mon ressort. Mais l'inclure comme une partie de moi était, au contraire, une faculté que je savais être en mon pouvoir. Ayant le souci, comme disait Descartes, de ne « recevoir jamais aucune chose pour vraie que je ne la connusse évidemment être telle[1] », je saisis l'occasion qui m'était donnée de le vérifier par moi-même. Et c'est ainsi que je plongeai au plus profond de moi pour y déceler, bien caché

1. Descartes, *Discours de la méthode*, 1637, 2, 7.

dans mon inconscient, l'archétype de la mère à la fois aimante et démoniaque.

« L'expérience archétypique, disait Jung, est une expérience intense et bouleversante. Il nous est facile de parler aussi tranquillement des archétypes, mais se trouver réellement confronté à eux est une tout autre affaire. La différence est la même qu'entre le fait de parler d'un lion et celui de devoir l'affronter[1]. » Force me fut alors de constater, à mon corps défendant, que cette représentation duelle de la mère et, bien au-delà, de la mère réelle, de la terre et de la matière, était en moi. Plus encore, je pris conscience de ce que l'image que j'avais de moi-même participait de cette dualité. D'une certaine manière, en effet, je me vivais aussi comme étant mauvaise. Ainsi, grâce à mon amie qui était passée soudainement de la vénération à la détestation de ma personne, je comprenais comment j'avais, tout comme elle, sans doute, et parce que cela est gravé dans l'inconscient collectif, gardé la blessure d'avoir été désunie d'une matrice au sein de laquelle il n'y avait précisément pas d'opposés. En l'incluant comme une partie de moi, c'est-à-dire en ne la voyant pas, à mon tour, comme étant la méchante, en ne l'excluant pas, je parvenais à réaliser, non pas dans l'intellect, mais dans la réalité de mon cœur, la réunion d'opposés apparents.

Rien n'est plus utile à chacun que tout autre

Ainsi l'aspiration à ne faire qu'un, non pas tant avec l'autre qui pourra continuer à ne pas le vouloir, mais avec ce côté *ombre* en nous que nous ne voulons pas toujours voir et que l'autre représente, passe par la nécessaire

1. C. G. Jung, *Sur l'interprétation des rêves*, *op. cit.*, p. 120.

considération du phénomène de projection. Lorsque, en effet, ce collègue, ce partenaire, ce voisin, cet automobiliste, cet ami, ce parent nous agresse et que son comportement est démesuré, il est probable que nous ne soyons qu'un prétexte à sa colère. De même, lorsque nous nous mettons, comme nous l'avons dit plus haut, hors de nous, il est vraisemblable, surtout si notre réaction est disproportionnée, que nous soyons en train de régler, à travers l'autre, un compte qui, en réalité, ne le regarde pas vraiment. C'est en fait une très ancienne blessure qui est ravivée et il suffit parfois qu'un rien la titille pour que la rage surgisse et que l'explosion se produise. Or, la projection – et chaque réaction hors de proportion avec ce qui la provoque devrait constituer un signal d'alarme indiquant « ATTENTION : PROJECTION ! » – nous permet de prendre conscience de ce qui nous appartient et de ce qui appartient à autrui !

Mais, on l'a compris, il ne suffit pas, face à l'autre qui s'en prend à nous, de dire qu'à travers nous c'est son père, sa mère ou la terre entière qu'il visait et tenter de nous en sortir ainsi à bon compte ! Que nous ne soyons pas directement concernés par la souffrance que l'autre cherche à guérir en nous agressant est une chose, mais que nous soyons nous-mêmes « la source lumineuse qui fait briller l'œil-de-tigre de la projection[1] » en est certainement une autre, fort riche d'enseignements. D'une certaine façon, en effet, au niveau de notre inconscient, nous avons créé cette situation parce que, la vie voulant le meilleur pour nous, elle était un moyen dont nous disposions pour faire émerger un fragment gênant, voire repoussant de notre personnalité que l'autre est venu personnifier. Certes,

1. C. G. Jung, *Collected Works 9-2 (Aïon)*, Bollingen Series XX, Pantheon Books, § 129.

pendant tout le temps que nous sommes demeurés dans l'ignorance de ce processus inconscient, nous n'étions pas à même de déceler quelque projection que ce soit et nous combattions l'adversité de tous côtés. Nous cherchions à la vaincre, à l'anéantir, à l'éradiquer, mais c'était, vous en conviendrez, une histoire sans fin, puisqu'une autre querelle survenait toujours pour en remplacer une autre, puis une autre encore, puis une autre toujours. Néanmoins, lorsque, n'en pouvant plus de vivre la vie comme un incessant combat, nous nous plaçons dans une perspective différente, ce n'est plus tant face à l'autre que nous sommes que face à nous-mêmes ; nous nous trouvons face à notre ombre que cet autre ne fait que représenter et que jusqu'alors nous ne savions que nier. « Rien, disait Spinoza, n'est plus utile à l'homme que l'homme[1]. » Et, en effet, toute notre vie, nous avons créé du contraire au-devant de nous, pour cette raison que cela nous permettait de nous situer du bon côté quand l'autre était toujours du mauvais côté. Désormais, ce même contraire, si nous continuons à en créer, ce n'est plus pour l'exclure, mais bien plutôt pour l'inclure.

Exemple tiré de la « Conjonction des opposés dans le travail sur l'ombre », de Monique Salzmann

« Comme illustration du niveau très banal où peuvent se consteller les opposés, je vais prendre l'exemple de Paulette, ma voisine du dessus, qui m'exaspère parce qu'elle fait du bruit… Je suis prise entre l'impuissance à laquelle je me sens réduite et une forte envie d'aller lui casser la figure, ce que je ne peux évidemment pas faire. Une relation de type bourreau-victime est en train de se mettre en place.

1. Spinoza, *Éthique*, IV, scolie de la prop. 18.

Du point de vue de la psychologie qui est alors la mienne, la position de victime me convient au fond assez bien, parce que, de nous deux, c'est moi qui suis dans la blancheur de la non-agression et qu'en plus je peux, en toute bonne conscience, me plaindre, lui en vouloir, la juger. D'autant plus que, moi, je suis quelqu'un qui a toujours fait très attention à ne pas gêner mes voisins. Ma position consciente est imprenable. Je suis dans le bien, elle est dans le mal.

Mais alors, pourquoi cela me met-il dans de tels états ? C'est que la position que j'occupe m'empêche tout acte agressif à son égard : cela m'obligerait à descendre du piédestal sur lequel elle m'a aidée à grimper. Il en résulte une très grande tension. Il suffit qu'elle éternue pour que j'entre en transe.

Au fond, ce pour quoi je lui en veux le plus, c'est de ne pas penser à moi avant tout, avant elle-même… Je lui en veux d'être ce que moi je ne m'autorise pas à être.

Les choses en étaient là lorsque je fis un rêve : je voyais […] beaucoup d'eau, provenant de son appartement… Au comble de la rage, je m'apprêtais à monter lui dire son fait, lorsque […] je me rendis compte que cette eau ne provoquait aucun dégât… À ce moment-là, je la vis debout devant moi et je m'aperçus qu'elle était enceinte… Et une curieuse tendresse s'empara de moi. Ce rêve me fit une très forte impression.

Cependant, dans la réalité, la situation demeurait inchangée. Jusqu'au jour où, prise d'une impulsion irrésistible, je passai à l'attaque et fis en sorte qu'elle ne ferme pas l'œil de la nuit. Cet acte […] me fut insupportable. Je le vécus comme une déchéance. J'en avais honte. Mais le résultat fut miraculeux… Il me semblait même – car je dressais l'oreille – qu'elle marchait sur la pointe des pieds… et j'arrivais bien mieux qu'auparavant à m'abstraire de ce qui me dérangeait.

Et puis, pendant tout ce temps, bien des épisodes oubliés de ma vie, de mon enfance, de ma relation à mes parents et des bruits qui me gênaient alors sont revenus s'associer, pour ainsi dire physiquement, à ce que je vivais là. La résolution du conflit affecta donc aussi tout le réseau défensif, physico-affectif, mis en place au cours de mon histoire personnelle et que les associations déclenchées par l'affaire Paulette avaient réactivé.

Je crois [...] pouvoir dire qu'à l'issue de tout cela, quelque chose de Paulette s'est réuni à Monique. Et une nouvelle façon d'être, sans doute celle dont elle était enceinte pour moi, est née de ce banal conflit[1]. »

La conciliation des contraires

Il y a conflit, on le voit, là où les opposés sont activés. Et il y a véritable résolution du conflit, non lorsque l'un des pôles l'a emporté sur l'autre, mais lorsque s'opère la conciliation des contraires.

Certes, Jung reconnaissait que « l'union des opposés est un processus qui transcende la conscience et qui, par principe, ne relève pas de l'explication scientifique[2] », soulignant, par ailleurs, que « personne ne sait comment la totalité paradoxale de l'être humain pourra jamais être réalisée[3] », mais ce qui vaut pour la nature ne vaut-il pas aussi pour l'être humain qui en fait partie ? La nature, en effet, disait encore le psychanalyste suisse, « consiste essentiellement en ces troisièmes termes, étant donné qu'elle est représentée par des effets qui résolvent l'opposition, comme la chute d'eau qui sert de médiation entre le haut et le bas[4] ».

1. *Cahiers jungiens de psychanalyse*, n° 59, 4e trimestre 1988.
2. C. G. Jung, *Collected Works 9-2 (Aïon)*, *op. cit.*
3. *Ibid.*, § 680.
4. *Ibid.*, § 674.

Et si la séparation était une illusion ?

Ne sommes-nous pas, chacun de nous, cette chute d'eau reliant le haut et le bas ? Ne sommes-nous pas, chacun de nous, ce troisième terme, en qui s'annulent le bien et le mal ? Ne sommes-nous pas celui, celle qui, en réalisant l'unité dans notre être, rend illusoire toute idée de séparation ? Chacun de nous n'est-il pas ainsi responsable de lui-même et de tous les autres ?

TROISIÈME PARTIE

ET SI NOUS ÉTIONS RESPONSABLES ?

« Chacun est seul responsable.
Chacun est seul responsable de tous[1]. »

Antoine de Saint-Exupéry

La culpabilité, nous connaissons tous ! Et tant mieux, sans doute, puisqu'elle nous permet, d'une certaine façon, de faire partie du groupe, et puisque, en nous donnant conscience de la portée de nos actes envers autrui, elle nous préserve de la psychopathie. Elle a donc son utilité, et la vie, en réservant son lot à chacun, ne s'y est pas trompée. Elle n'en reste pas moins un fardeau dont nous concevons bien qu'il serait opportun de nous libérer. Elle n'en reste pas moins un poids si pesant sur nos épaules qu'arrive le jour où nous devons nous en décharger et trouver une autre manière d'avoir conscience de la portée de nos actes. Elle est, dès lors, notre opportunité pour que nous devenions réellement aptes à répondre aux situations. N'est-ce pas, vraiment, ce qu'il y a de meilleur pour nous ?

---

1. Antoine de Saint-Exupéry, *Pilote de guerre*, Gallimard, coll. « Folio », 1972.

1

L'illusion de la culpabilité

Une ministre, un jour, du temps désormais lointain où François Mitterrand était président de la République, avait déclaré qu'elle se sentait responsable mais pas coupable, et les réactions de moquerie qui s'étaient ensuivies avaient démontré qu'il y a, dans l'esprit de beaucoup, une fort dommageable confusion entre ces deux notions.

En effet, d'aucuns ont cru, ou ont fait semblant de croire, qu'en s'exprimant ainsi cette femme cherchait à s'exonérer des défaillances à propos desquelles elle s'expliquait. C'était pourtant tout le contraire. Car celui ou celle qui reconnaît sa responsabilité assume ce qui s'est produit et se déclare apte à y répondre. N'est-ce pas, en toutes circonstances, une attitude courageuse, et surtout bien plus efficace que celle qui consiste à se frapper la poitrine avec le poing en répétant inutilement : « C'est ma faute, ma très grande faute » ?

« Qui en a pris deux morceaux ? »

La plupart d'entre nous avons, cependant, appris à fonctionner de cette autre façon. Qui n'a pas eu un maître d'école ou une maîtresse entrant dans la classe et qui, constatant qu'une sottise avait été faite, s'est écrié : « Qui a fait cela ? » ?

Qui n'a jamais eu un professeur animé bien plus du désir de punir que de celui d'amener l'auteur du délit à prendre conscience du dommage qu'il avait causé et à le réparer ? Et qui n'a pas eu un père, une mère, une grand-mère, un grand-père, un oncle, une tante, une nourrice ayant procédé de la même façon, quitte, en l'absence de dénonciation de la part de celui qui avait mangé toutes les fraises ou cassé une potiche, à infliger une punition collective ?

— Qui a déchiré ce livre ? demanda M. Dobbins dont la colère montait à vue d'œil.

Personne ne répondit. On aurait pu entendre voler une mouche. Le maître scruta chaque visage dans l'espoir que le coupable se trahirait.

— Benjamin Rogers, avez-vous déchiré ce livre ?

— Non, monsieur.

Nouveau silence.

— Joseph Harper, est-ce vous ?

— Non, monsieur.

Tom devenait de plus en plus nerveux et plaignait Becky de tout son cœur d'avoir à endurer ce lent martyre. Le maître examina les autres garçons d'un air soupçonneux et se tourna vers les filles.

— Amy Lawrence ?

L'enfant fit non de la tête.

— Gracie Miller ?

Même réponse.

— Susan Harper, est-ce vous ?

— Non, monsieur.

Maintenant, c'était le tour de Becky Thatcher. Tom tremblait de la tête aux pieds. La situation était sans espoir.

— Rebecca Thatcher...

Tom la regarda. Elle était blanche comme un linge.

— Avez-vous déchiré ce livre ?

Un éclair traversa l'esprit de Tom qui se leva d'un bond.

— Monsieur, s'écria-t-il, c'est moi qui ai fait ça !

Les élèves médusés se tournèrent vers lui. Il resta un moment avant de reprendre ses esprits. Quand il s'avança pour recevoir son châtiment, la surprise, la gratitude, l'adoration qui se peignaient sur le visage de Becky le dédommagèrent des cent coups de férule dont il était menacé. Galvanisé par la beauté de son acte, il reçut sans cri la plus cinglante volée que M. Dobbins eût jamais administrée de sa vie[1].

Mark Twain

Faut-il un coupable pour guérir nos blessures ?

Aussi avons-nous à peu près tous – tant mieux si vous y avez échappé – appris à conjuguer « être coupable » à tous les modes et à tous les temps et, par là même, à considérer que rien ne peut se produire sans la faute de quelqu'un, du gouvernement, du système, des étrangers, de la vie, de Dieu ou de quelque complot fomenté contre soi ou contre le groupe auquel on appartient, sans oublier sa propre faute et, bien sûr, « la faute à pas de chance » à laquelle on a recours lorsque aucune des autres cases ne peut être cochée ! Les histoires qu'on nous a racontées, de quelque mythologie qu'elles aient été tirées, ont largement contribué à développer en nous cette façon de réagir aux événements.

Ainsi en est-il du mythe premier d'Adam et Ève. Vous souvenez-vous ? Malgré l'interdiction qui leur a été faite de manger du fruit de la connaissance du bien et du mal, ils

1. Mark Twain, *Les Aventures de Tom Sawyer*, chap. 21, Gallimard, coll. « Folio Junior », 2008.

vont, l'un et l'autre, y goûter. Dieu, alors, s'en apercevant, demande à Adam ce qu'il a fait, et que répond celui-ci ? Tel un enfant devant une figure d'autorité, il dit, en substance : « C'est pas moi, m'sieur ! C'est la femme que tu as mise auprès de moi ! C'est elle qui… etc. » Alors Dieu se tourne vers Ève et lui demande, de même, ce qu'elle a fait. Et que répond-elle ? « C'est pas moi, m'sieur ! C'est le serpent ! ». Incroyable, n'est-ce pas, ce scénario que nous connaissons bien pour l'avoir expérimenté tant de fois dans notre enfance et même ensuite dans nos rapports aux autres ? Mais ce n'est pas tout, parce que, que fait Dieu, à ce moment-là ? Vous vous rappelez, n'est-ce pas, ce qu'a été son attitude à l'instar de celle d'un maître d'école ? Eh bien, il punit ! Punition collective d'abord : « Vous êtes tous mis à la porte ! Chassés du paradis terrestre ! », et punition individuelle ensuite : pour l'homme : « Tu gagneras ton pain à la sueur de ton front », pour la femme : « Tu enfanteras dans la douleur », et pour le serpent : « Tu marcheras sur ton ventre et tu mangeras de la poussière tous les jours de ta vie[1]. »

N'est-il pas stupéfiant que nos relations avec nos père et mère, avec nos enseignants, avec nos frères et sœurs et plus tard avec nos partenaires, nos amis, nos collègues et ces inconnus qui passaient, aient été calqués sur ce modèle – C'est pas moi, m'sieur ! – vieux comme le monde, c'est le cas de le dire ?

Et, de nos jours, ce sont les moyens modernes de communication et spécialement la radio, la télévision et, plus encore, les réseaux sociaux qui ont pris le relais pour poser toujours la même question : « Qui a fait ça ? » Il n'est pas de semaine, en effet, où l'on ne nous annonce, après la nouvelle d'un incendie dans un tunnel, d'une bousculade dans une discothèque, d'un accident de téléphérique, d'une erreur

1. Gn 3, 14.

fatale dans un hôpital, d'un dysfonctionnement de passage à niveau ou d'une explosion de bonbonne de gaz dans un foyer de travailleurs, qu'une enquête est ouverte pour déterminer les responsabilités et punir les coupables. Nous ne sommes plus des enfants et il n'y a plus de risque que l'un de nos parents surgisse en brandissant la bonbonnière vidée de son contenu et en s'écriant : « Qui a fait ça ? » Et il n'y a plus de risque, non plus, qu'un maître d'école, découvrant quelque forfait de gosses, se transforme en inquisiteur. Mais quand bien même nous avons grandi, une voix est toujours là pour crier à nos oreilles : « Qui a fait ça ? »

En fait, cette question nous a été si souvent posée au cours de notre enfance et de notre adolescence que, devenu journaliste, responsable politique, scénariste de séries ou tout autre professionnel doté de quelques prérogatives, nous pensons le monde et les rapports entre les hommes en termes de culpabilité, et cela transparaît, évidemment, dans ce que nous disons, écrivons, diffusons.

Sans même en avoir conscience, nous entretenons l'idée qu'un coupable est absolument nécessaire à la guérison de nos blessures, et c'est tout juste si nous acceptons qu'un séisme se soit produit sans que l'on puisse l'imputer à un fautif.

Ainsi, tout est fait pour que nous croyions et continuions à croire que la solution d'un problème passe par la recherche du coupable et son châtiment.

Évidemment, nous n'envisageons pas ici qu'il y ait une volonté délibérée des médias ni qu'il y ait un Big Brother caché Dieu sait où ni un complot manigancé par Dieu sait qui pour régenter notre façon de penser et nos comportements. En fait, nous sommes bien conscients qu'il n'y a que nous, nous tous qui sommes derrière les organes de presse, tant il est vrai qu'ils ne reflètent rien d'autre que notre propre mode de pensée. En d'autres termes, s'ils n'ont de cesse de pratiquer l'équation « un dommage = un coupable », c'est que nous-mêmes, inconscient collectif oblige, nous nous inscrivons majoritairement dans cette dynamique. Pourtant, chacun sait bien que toute situation dramatique ne suppose pas nécessairement un fautif et aussi que cent lignes n'ont jamais permis à un vase brisé de se reconstituer. De même, une condamnation à la peine de mort n'a jamais fait revivre la victime d'un meurtre, et encore moins empêché que d'autres crimes soient perpétrés. Et si l'on peut se réjouir que les Nations unies aient institué un tribunal pénal international, qui peut raisonnablement espérer que Hitler se serait abstenu de tout génocide si une telle juridiction avait existé à son époque ?

Discours de Jean Jaurès (1859-1914) à la Chambre des députés, le 18 novembre 1908

« Non, messieurs, vous le voyez, des statistiques vous ne pouvez conclure qu'une chose : c'est que dans les pays, de tempéraments divers, où la peine de mort, depuis trente, quarante, cinquante ans, n'est pas appliquée, il n'y a pas eu de recrudescence inquiétante de la criminalité. En France même, depuis quarante ans, le mouvement est à peu près stationnaire. Quelles sont les causes de cette recrudescence momentanée depuis trois ans ?

Ah ! Messieurs, je n'ai pas la prétention de démêler à fond ; mais savez-vous quelle est notre objection principale contre la peine de mort ? Savez-vous qu'elle devrait être, pour tous les républicains, pour tous les hommes, l'objection principale contre la peine de mort ? C'est qu'elle détourne précisément les assemblées, c'est qu'elle détourne les nations de la recherche des responsabilités sociales dans le crime.

Ah ! c'est chose facile, c'est procédé commode : un crime se commet, on fait monter un homme sur l'échafaud, une tête tombe ; la question est réglée, le problème est résolu. Nous, nous disons qu'il est simplement posé ; nous disons que notre devoir est d'abattre la guillotine et de regarder au-delà les responsabilités sociales.

Nous disons, messieurs, qu'il est très commode et qu'il serait criminel de concentrer, sur la seule tête des coupables, toute la responsabilité. Nous en avons notre part, tous les hommes en ont leur part, la nation tout entière en a sa part... »

Le bonheur d'être victime !

Dans le contexte de notre réflexion, il s'agit, ici, de considérer la façon dont est construite tant notre relation à l'autre que la relation à nous-mêmes et, ce faisant, de constater que la culpabilité en constitue les fondations.

Pour mieux comprendre, laissons les criminels de côté, pour l'instant, et envisageons notre propre fonctionnement. Dressons la liste de tout ce dont nous nous sentons coupables. D'avoir fait souffrir notre mère, de ne pas nous être suffisamment occupés de nos parents, de ne pas avoir été présents pour nos enfants, de ne pas avoir réussi ceci ou cela, d'avoir été ingrats ici, injustes là, incapables ailleurs... Chacun complétera ce paragraphe à sa guise et selon son histoire. Et dressons aussi la liste de tout ce qui nous paraît être la faute de l'autre, de celui ou celle ou ceux ou celles que nous voyons comme étant la cause de telle ou telle autre de nos misères. Et maintenant, observons ce qui se passe. Observons, plus précisément, notre état intérieur au contact de cette culpabilité, la nôtre ou celle que nous imputons à l'autre. Est-ce un sentiment agréable qui nous parcourt ? Est-ce une sensation de douceur et de paix qui s'installe en nous ? Est-ce un parfum de sérénité qui se dégage de cette situation ? Non, bien sûr, c'est tout le contraire, vous en conviendrez. Et même lorsqu'il nous paraît que le coupable, ce n'est pas nous, c'est l'autre, c'est encore nous qui nous sentons mal, c'est à nous que nous faisons du mal, c'est nous-mêmes que nous détruisons, que nous altérons, c'est notre disponibilité à autre chose que nous diminuons. Curieux, n'est-ce pas ? La recherche d'un fautif, la désignation d'un coupable, le châtiment du pécheur n'apportent pas le réconfort espéré. Tout cela, en effet, mobilise notre énergie et occupe notre esprit en le tourmentant.

> À dix-sept ans – c'est Jacques qui tient la plume –, je me suis inscrit en faculté de droit parce que je voulais être juge. Évidemment. J'avais été victime d'injustices et j'aurais pris ma revanche en rendant justice moi-même. Quelle illusion ! Et quelle comédie ! La grande comédie humaine ! Plusieurs décennies de fréquentation des palais de justice m'ont permis d'observer que le statut de victime, respectable au demeurant, présente cette particularité d'être à la fois le moins enviable et le plus recherché ! Inconsciemment, bien sûr. Personne ne veut souffrir, mais chacun veut que sa souffrance soit reconnue – une manière, peut-être, d'être reconnu soi-même. Et la position de victime le permet. Chaque fois que j'avais été victime dans ma vie, ce que, bien entendu, je n'avais pas voulu, on s'était inquiété pour moi – quelle félicité ! –, on avait accouru à mon chevet – quel ravissement ! –, on avait considéré ma douleur – quel enchantement ! –, on m'avait écouté – quel plaisir ! –, on m'avait soutenu – quelle joie ! –, et par-dessus tout, on m'avait reconnu – quel bonheur ! Et si d'aventure celui qui m'avait fait du mal était puni, c'était plus que du bonheur, c'était la béatitude ! Éphémère, bien sûr, mais béatitude tout de même ! Éphémère comme l'avaient été ma félicité, mon ravissement, mon enchantement, mon plaisir, ma joie et mon bonheur. Éphémère comme la prétendue satisfaction des victimes dont la société entretient le culte en leur faisant croire, à longueur de comptes rendus d'audience et d'interviews d'avocats,

de procureurs et de politiques, que la punition des coupables leur apportera la sérénité ! Mensonge, évidemment ! Car il en va des victimes qui obtiennent justice comme des pauvres qui empochent le gros lot au Loto ; très vite, il ne leur reste rien de ce qu'elles ont gagné ! Et ce mensonge, ce sont les victimes elles-mêmes qui l'appellent, puisqu'elles mettent dans l'embarras tous ceux qui, autour d'elles, ne savent pas comment gérer la situation et qui, face au désarroi sincère qu'elles manifestent, n'ont pas d'autre option que d'entrer dans le jeu du jugement et de la condamnation. Si bien que tout le monde s'accorde sur la nécessité de juger et de trouver un coupable ; un coupable, à tout prix ! Et si la justice n'est pas suffisamment ferme pour punir ceux qu'il a bien fallu lui donner en pâture, c'est elle que les victimes, et, parfois même, leurs avocats, se permettent de juger coupable.

Il est établi qu'il n'y a, pour les victimes, aucune différence qui tiendrait au fait que le coupable a été châtié ou pas. La capacité à surmonter l'épreuve d'un parent dont l'enfant a été violé et assassiné est indépendante du sort réservé au coupable. La situation d'un ancien déporté et le chemin qu'il s'est ensuite tracé dans la vie est sans lien avec le fait que ses tortionnaires aient été ou non retrouvés par les chasseurs de nazis. Et le devenir de celui des deux partenaires qui, dans un couple, s'est senti trahi par l'autre n'a rien à voir avec la sanction que le juge du divorce – si tant est qu'il en existe encore – aura ou non infligé au conjoint volage.

Le pouvoir que l'on donne à l'autre

Et puis, n'est-ce pas donner infiniment de pouvoir à l'auteur de faits qui nous ont meurtris que de faire dépendre notre mieux-être de son sort ? N'est-ce pas lui donner encore prise sur nous, alors même que nous aspirons au contraire ? N'est-ce pas lui remettre de notre plein gré une arme de plus contre nous ? N'est-ce pas rendre « l'atrocité présente lors même qu'elle ne l'est plus » et nous forcer ainsi à « cohabiter avec elle »[1] ?

N'est-ce pas, comme le disait notre ami regretté Guy Corneau, qu'en étant « victime des autres » on est « bourreau de soi-même[2] » ?

Nathalie avait été violée à douze ans par son beau-père. Pendant les vingt années qui suivirent, elle vécut avec cette blessure. À l'adolescence, sa relation avec les garçons fut un cauchemar permanent et la situation ne s'améliora guère quand elle devint femme. Elle rêvait alors d'une relation harmonieuse avec un homme, mais sa frigidité les faisait s'éloigner d'elle sitôt après qu'ils s'en étaient approchés. À trente-deux ans, elle désespérait de jamais vivre en couple, quand elle se rendit compte, en thérapie, du pouvoir qu'elle continuait à donner, dans sa tête, à l'homme qui avait jadis abusé de son corps. Il ne l'avait plus touchée depuis deux décennies, mais il n'en continuait pas moins de perturber son existence. Quand elle prit conscience que c'était elle, et elle seule, qui le lui permettait, sa vie changea radicalement et ce qui paraissait impossible arriva tout aussitôt ensuite. Elle rencontra un homme avec qui elle commença une relation épanouie et elle l'épousa peu après.

1. André Comte-Sponville, *Traité du désespoir et de la béatitude*, vol. 1 : *Le Mythe d'Icare*, *op. cit.*, p. 8.

2. Guy Corneau, *Victime des autres, bourreau de soi-même*, *op. cit.*

D'OÙ VIENT QUE NOUS NOUS SENTONS COUPABLES ?

Contrairement à ce que d'aucuns peuvent penser, la culpabilité n'est pas un sentiment réservé aux seuls coupables de mauvaises actions. Elle est le fait de la plupart d'entre nous qui, en toutes occasions, recherchons ou désignons un fautif. Et elle ne résout rien. Tout comme un manque en chasse un autre, elle est prête, à chaque instant, à se saisir d'un nouvel objet, d'un nouvel os à ronger.

Mais d'où vient-elle ? D'où nous vient ce sentiment de culpabilité qui est en nous ?

D'avoir voulu tuer notre père ?

Pendant une séance de groupe au cours de laquelle il était proposé aux participants de revoir le moment de leur enfance où ils avaient pu dire quelque chose comme « Quand je serai grande, je me marierai avec papa », « Quand je serai grand, je me marierai avec maman », Édouard protesta que jamais, au grand jamais, il n'avait eu de désir pour sa mère. Peu après, il fut question de la mort du père, et là, ce même participant confia spontanément que, étant enfant, il avait souhaité mille fois la mort du sien. Et il avait à cela mille bonnes raisons qui, d'après lui, n'avaient rien à voir avec le désir d'avoir sa maman pour lui tout seul : son père le maltraitait, il lui reprochait d'être une bouche à nourrir et, pire que tout, il était violent avec sa mère. Et il raconta que chaque fois qu'il espérait, dans le secret de ses nuits, que son père ne revienne pas de voyage, il se voyait, même s'il n'avait que six ou sept ans, devenir le chef de famille et s'occuper de sa mère. Il se rendit compte lui-même qu'il était en train de reconnaître qu'en fait de vouloir sa mère pour soi tout seul – même si ce n'était pas sexuellement, du moins pas consciemment –, on pouvait difficilement faire mieux !

D'avoir fait du mal à notre mère ?

« Toute ma vie, racontait Élisa, ma mère m'a répété combien elle avait souffert "à cause de moi". Elle me disait que j'avais failli la faire mourir à ma naissance. Elle me disait aussi qu'elle ne s'était pas remariée pour pouvoir s'occuper de moi. Elle me disait encore qu'elle avait dû travailler dur pour pouvoir me nourrir et encore qu'elle s'était sacrifiée pour mes études. J'étais la cause de toutes ses souffrances. »

De ne pas avoir été assez sage ?

« Sur le pont de Nantes
Un bal y est donné…

Qu'as-tu ma sœur
Qui te fait tant pleurer ?
Oh ! c'est ma mère
Qui n' veut pas que j'aille au bal
Prends ta robe blanche
Et ta ceinture dorée
Dépêche-toi vite
Le bal va commencer…

Cloches de Nantes
Pourquoi sonnez-vous tant ?
C'est pour Hélène
Qui est tombée à l'eau
Bien fait pour elle
Elle l'a bien voulu
Pères et mères
Corrigez vos enfants
Frères et sœurs

Écoutez vos parents
Voici l'histoire des enfants entêtés[1] »

Saint-Just

D'avoir commis le péché originel ?

« Je propose que la seule chose dont on puisse être coupable, au moins dans la perspective analytique, c'est d'avoir cédé sur son désir[2]. »

Jacques Lacan

De nous être laissés être maltraités ?

Que nous fassions partie de celles et ceux qui ont été maltraités dans leurs enfances ou que, par bonheur, personne n'ait jamais levé la main sur nous, le fait est que, de toute façon, nous avons tous, un jour ou l'autre, expérimenté l'humiliation. Si ce n'est donc celle d'être battus ou punis, au moins celle d'être fusillés d'un regard noir, d'être rabaissés ou ridiculisés.

N'y aurait-il pas, là, alors, de quoi ressentir de la culpabilité ? Culpabilité pour s'être laissé réduire à l'état d'objet, culpabilité de nous être laissé diminuer, culpabilité de notre impuissance ?

1. Cité dans Albert Goursaud, *La Société rurale traditionnelle en Limousin*, Maisonneuve et Larose, 1976, p. 845.
2. Jacques Lacan, *Séminaire*, livre VII : *L'Éthique de la psychanalyse*, Le Seuil, 1986.

Exercice

À quelle occasion le petit garçon, la petite fille que vous étiez s'est-il senti, s'est-elle sentie humilié(e) ? Revoyez la scène et entrez en contact avec ce que l'enfant que vous étiez a ressenti alors.

Mesurez alors toute l'impuissance que vous avez pu éprouver. Qu'est-ce cela provoque en vous ?

Certes, quand on écoute les gens raconter leur histoire, ce qui est le lot quotidien d'un thérapeute, on peut y trouver matière à confirmer que, en effet, l'origine de la culpabilité se trouve bien quelque part de ces côtés-là. On peut aussi, allant plus loin, se demander si elle ne se situe pas en amont.

En amont ? Mais où donc cela pourrait-il être ? Et qu'est-ce qui peut nous avoir marqués plus que d'avoir fait souffrir notre mère ou d'avoir voulu la mort de notre père, pour n'évoquer que ces deux forfaits majeurs ? Qu'est-ce qu'il y aurait d'autre ?

Le sentiment de culpabilité préexiste à la faute

Dans *Quelques types de caractère dégagés par la psychanalyse*, Freud, évoquant le cas de criminels, écrivait : « Si paradoxal que cela puisse paraître, il me faut dire que le sentiment de culpabilité préexistait à la faute : ce n'est pas de celle-ci qu'il procédait, mais au contraire la faute procédait du sentiment de culpabilité. On pouvait à bon droit taxer ces personnes de criminelles par sentiment de culpabilité. » Or n'est-ce pas là une règle qui vaut non seulement pour ceux qui ont mal tourné, mais pour tous les êtres humains ? Le sentiment de culpabilité ne précède-t-il pas le fait de commettre des « fautes », en sorte qu'il ne serait pas leur conséquence, mais bien plutôt leur cause ?

N'est-ce pas tout simplement prodigieux ? Le sentiment de culpabilité préexiste à la faute alors que c'est le fait de commettre une faute qui est supposé le faire naître en l'homme !

Nous passons des vies entières à nous croire coupables d'avoir fait ceci ou cela alors qu'en vérité nous n'avons fait ceci ou cela que parce que nous nous sentions coupables ! Nous avons même élaboré des religions pour nous sortir, autant que faire se peut, de nos péchés, sans imaginer que nos prétendus manquements n'avaient été rendus possibles que par la préexistence en nous du sentiment de culpabilité ! Quel bouleversement !

Exercice

Le sentiment de culpabilité préexiste à la faute supposée le faire naître en vous !

Fermez les yeux et faites défiler les épisodes de votre vie où vous avez été coupables de quelque chose. Et regardez-les à travers ce nouveau prisme.

N'est-ce pas tout différent ?

Mais alors, direz-vous, d'où vient-il ? D'où vient ce sentiment de culpabilité qui nous habite depuis toujours ?

Il est vraisemblable qu'il nous a été transmis par la voie de l'acide désoxyribonucléique et que, ayant été éprouvé par un nombre infini de générations avant nous, il soit nécessairement dans nos gènes. Pour autant, cette réponse n'est guère satisfaisante puisqu'elle ne fait que reporter la question en amont dans le temps. Elle ne nous dit pas ce qui fait que, aussi loin qu'on puisse remonter, les êtres humains l'aient eu en eux.

Notre hypothèse…

Le choix de Sophie

Notre hypothèse, élaborons-la ensemble, est en lien étroit avec ce que nous avons dit au chapitre précédent. Rappelez-vous : nous nous sommes séparés d'une partie de nous-mêmes. Nous avons renoncé à notre grandeur et notre ego a pris la place laissée vacante. Pour pouvoir nous adapter à ce monde, pour pouvoir y survivre, nous avons dû nous départir d'un pan plus ou moins grand de nous-mêmes. Vous imaginez la tragédie ? Le choix de Sophie ! Devoir nous résoudre à accepter qu'on nous enlève une partie de nous pour en sauver une autre ! Quel drame ! Et comment ne pas nous sentir coupables, à tout jamais, d'avoir fait ce choix ? Et comment ne pas nous sentir coupables d'avoir dû renoncer à l'enfant en nous qui savait tout, à la grandeur de notre être, à la pureté de notre âme ? Comment ?

Il est fort vraisemblable que cette culpabilité originelle ait été impossible à assumer, si bien que nous avons cherché à la refouler au plus profond de notre inconscient. Il semble que nous y soyons parvenus, mais pour partie seulement. Nous avons réussi à enfouir en nous ce sur quoi elle portait, mais nous n'avons pas pu étouffer le sentiment de culpabilité lui-même. Il est donc demeuré là, bien présent, et il nous a fallu lui trouver d'autres bonnes raisons d'exister. Et c'est ainsi que nous l'avons reporté sur ce qui était immédiatement à notre portée, c'est-à-dire, dans l'ordre d'entrée en scène, sur la personne de notre mère et sur celle de notre père.

Ainsi notre sentiment de culpabilité trouvait-il de quoi s'alimenter ! Mais pas pour trop longtemps, cependant, car ces raisons d'être coupables se sont révélées difficilement conciliables avec l'obligation qui, bientôt, nous fut faite d'être sages. Insupportable, en effet, d'être un enfant bien élevé et bien comme il faut qui aurait fait du mal à sa mère ou souhaité la mort de son père. Tellement insupportable qu'il a fallu, même si c'était à un degré moindre que lorsqu'il s'était agi de nous séparer de nous-mêmes, refouler de nouveau, dans notre inconscient, nos raisons de nous sentir coupables.

Notre sentiment de culpabilité se trouvait, une fois de plus, sans nourriture. Et comme il a bien fallu lui en redonner, nous lui avons procuré mille et un objets qui ont pris la place des précédents.

Mais sommes-nous vraiment coupables de ces fautes pour lesquelles nous avons trouvé tant de substituts ?

2

L'innocence de toute âme

Que vous vous soyez éloignés de votre grandeur pour vous adapter au monde, c'est fort possible, donc. Mais n'était-ce pas nécessaire ?

Que vous soyez entré dans l'illusion de l'ego pour vous défendre de dangers que vous croyiez réels, c'est fort possible aussi. Mais pouviez-vous faire autrement ? Non, évidemment. Nous avons tous fait du mieux que nous pouvions, avec le bagage dont nous étions chargés, en sorte que nous sommes innocents de ce crime qui n'en est pas un.

Nous sommes innocents

Que votre mère ait souffert en vous mettant au monde, c'est possible. Mais elle n'a pas souffert à cause de vous. Si elle vous a présenté les choses de cette manière, c'est qu'elle était elle-même dans cette logique du « Qui a fait ça ? » dont nous avons parlé, et qu'il fallait donc qu'elle désigne un coupable. Si c'est vous, sans qu'elle vous ait jamais rien dit de la sorte, qui avez réagi à ses contractions, en vous désignant vous-même comme étant celui ou celle sans qui ses douleurs n'auraient pas été, c'est que vous étiez déjà, disons mémoriellement, dans cette même logique.

Mais franchement, cette histoire qu'elle vous a racontée ou que vous avez accepté de vous raconter à vous-même, cette histoire tient-elle la route ? Si aujourd'hui vous y réfléchissez sereinement, pouvez-vous vraiment aller dans ce sens ? Sans doute non, n'est-ce pas ? Votre mère a souffert, à l'occasion de votre naissance, pour des raisons qui lui appartiennent et qui n'ont rien à voir avec vous. Elle a souffert parce que d'une certaine manière elle obéissait à l'injonction d'accoucher dans la douleur ; elle a souffert parce qu'elle reproduisait un modèle suivi par sa mère et ses grands-mères ; elle a souffert parce qu'elle revivait, à travers son accouchement, sa propre naissance. Autant de circonstances seules ou cumulées qui ne vous regardent pas et qui vous disculpent totalement.

Oui, vraiment, vous êtes innocent de cette faute, qui vous était imputée ou que vous vous imputiez à vous-même, d'avoir fait souffrir votre mère.

Innocent, d'autant plus que, très probablement, vous avez vous-même souffert, même si vous ne vous en souvenez pas, au moment où vous avez dû quitter le ventre qui vous portait, au moment où vous êtes passé du cocon qui était le vôtre depuis plusieurs mois vers un monde inconnu, au moment où vous vous êtes senti en être éjecté et ou même, peut-être, où on est venu vous y chercher de force. Innocent, donc. Forcément.

Et que vous ayez voulu tuer votre père, parce que, tout comme Freud, vous en étiez jaloux (« j'ai trouvé en moi des sentiments d'amour envers ma mère et de jalousie envers mon père[1] ») ou que vous ayez voulu tuer votre

1. Freud, Lettre à Wilhelm Fliess, n° 71, du 15 octobre 1897, in *Naissance de la psychanalyse*, PUF, 1956, p. 198.

mère, comme Oreste dans la tragédie d'Euripide, ou encore que vous ayez eu envie de tuer votre frère ou votre sœur, comme Caïn qui passa à l'acte en ôtant la vie à Abel, n'étaient-ce pas, comme le disait encore Freud, « des sentiments qui sont communs à tous les jeunes enfants[1] » ?

Nous avons fait des bêtises

De ces crimes-là aussi, vous êtes innocent. Nous sommes innocents. Et comme nous avons cru le contraire, tout simplement parce que nul ne nous a dit que de semblables idées étaient normales, nous en avons refoulé très loin le souvenir. Dès lors, nous étions coupables, mais sans plus nous souvenir vraiment de quoi. Alors, comme notre culpabilité était là mais sans objet sur quoi porter, nous avons fait des bêtises. Des petites bêtises dont nous sommes innocents pour cette raison que nous ne savions pas que nous les commettions pour donner une raison d'être à la culpabilité qui nous habitait.

> J'avais onze ans – c'est Jacques qui raconte –, j'étais en classe de sixième. Jusqu'alors, pendant toute ma scolarité élémentaire, j'avais toujours été dans les premiers de la classe, voire le premier. Il faut dire que la pression à cet égard était terrible. Pour mon père, il n'était pas concevable que je n'aie pas dix sur dix partout. Et à l'école primaire où j'allais, ceux qui avaient des mauvaises notes se voyaient épingler leur copie sur leur tablier et, coiffés d'un bonnet d'âne, ils devaient faire le tour de toutes les classes pour en être la risée. Je n'avais donc pas vraiment le choix si du moins je voulais éviter le mécontentement de mon père

1. *Ibid.*

et la honte face à mes camarades. Au collège, cependant, les choses changèrent et, sur le carnet du tout premier trimestre de sixième, figurait une note horrible qu'il était impensable que je montre à mon père. J'étais certain que, si jamais il l'apprenait, c'était pour moi la fin du monde. Aussi ai-je surveillé l'arrivée du bulletin qui contenait un abominable zéro et l'ai-je intercepté dans la boîte aux lettres pour le maquiller et le faire signer à ma mère, à la dérobée. Mon stratagème fonctionna comme je l'avais prévu. Sauf que, quelques jours plus tard, je fus convoqué devant le conseil de discipline. Pour avoir ainsi triché, j'écopai, moi qui n'avais jamais eu que des prix d'excellence, de trois jours d'expulsion. J'étais coupable. Et j'étais puni.

Au terme de cette mésaventure, je fus surpris de constater que la réaction de mon père fut loin d'être aussi redoutable que je l'avais imaginée. Une autre circonstance m'intrigua. Elle tient au fait qu'un peu plus tard le principal dit à mes parents que, lors de ma comparution, j'avais fait preuve d'effronterie, ce qu'ils me rapportèrent peu après. J'ignorais ce que ce mot voulait dire et, même après que le dictionnaire m'en eut donné la signification, je ne comprenais pas que semblable attitude ait pu être de mon fait. Cela m'est toujours resté : effronté. Et lorsque, bien des années plus tard, j'ai compris que je n'avais fait cela que pour donner du grain à moudre au sentiment de culpabilité qui préexistait en moi, j'ai compris ce que ce chef d'établissement avait lu dans mes yeux et qu'il avait interprété comme étant de l'effronterie. J'ai compris que mon regard lui disait ce que je savais intuitivement, sans pouvoir le reconnaître et encore moins mettre des mots dessus, c'est-à-dire que, dans le fond, et quoique coupable, j'étais, en vérité, innocent.

Il y eut donc de la part de chacun des petites bêtises, comme celle d'une grosse tache d'encre sur une mauvaise note, mais il y eut aussi, parfois, des bêtises plus conséquentes, dont nous sommes pareillement innocents pour les mêmes raisons. Et de plus grandes bêtises encore, dont – aux mêmes causes, les mêmes effets – nous sommes également innocents.

Marc avait douze ans lorsqu'il tua Élisabeth, sa petite sœur âgée de neuf ans. Il jouait avec la carabine de son père et le coup était parti. Ce fut, évidemment, autant pour lui que pour ses parents, une terrible tragédie. Pourtant, malgré l'horreur, malgré la douleur, il fallut vivre et Marc réussit tant bien que mal à poursuivre sa scolarité et à trouver sa place dans le monde des adultes. À vingt-cinq ans, il rencontra une jeune fille dont il s'éprit. Elle se prénommait, cela ne s'invente pas, Élisabeth, comme sa sœur défunte. Il l'épousa. Tout aurait pu alors être pour le mieux dans le meilleur des mondes, si ce n'est que de cette union naquit un enfant trisomique. La jeune maman le supporta très mal et bientôt le couple battit de l'aile. Pendant des mois, Marc essaya de sauver son mariage, mais, constatant qu'il ne pouvait rien faire pour sortir son épouse de la dépression dans laquelle elle avait sombré, il résolut de demander le divorce. Un soir, rentrant du travail, il trouva Élisabeth étendue sans vie sur le sol inondé de sang. Elle s'était tuée en se tirant une balle dans la tête après avoir reçu un courrier provenant de l'avocat de son mari lui confirmant qu'il mettait en œuvre la procédure. Si Marc avait survécu à la mort de sa cadette, il lui sembla alors impossible d'assumer la mort de sa femme. Il avala donc, quelques jours après les obsèques, une quantité impressionnante de somnifères qui l'auraient fait dormir à tout jamais si, cette nuit-là, son frère n'était pas repassé chercher le portefeuille qu'il avait oublié plus tôt dans la journée et si, à ce moment-là, il n'était pas tombé sur une lettre posée bien en évidence sur la table du salon lui permettant de comprendre ce que Marc venait de faire. Grâce à ce miracle, il fut sauvé. Les médecins de l'hôpital où il fut admis l'orientèrent en thérapie et ce fut l'occasion pour lui de travailler sur l'immense culpabilité avec laquelle il n'en pouvait plus de vivre. Ce ne fut guère facile, tant les reproches qu'il avait à se faire, y compris le fait d'avoir engendré un enfant handicapé, le persuadaient qu'il était maudit. Il crut longtemps qu'il n'y arriverait jamais et que personne ne pourrait l'aider à se reconstruire. Un jour, cependant, un déclic se produisit. C'est lorsqu'il comprit que la culpabilité qui le détruisait était en lui bien avant que ne parte le coup de feu qui tua Élisabeth, sa sœur, bien avant qu'Élisabeth, sa femme, ne se suicide « à cause de lui », et bien avant encore que ne naisse son fils trisomique. Certes, il avait trouvé à ce funeste sentiment de dramatiques raisons d'être, mais du crime originel qui l'avait fait naître en lui, il était innocent. Et c'est ainsi que Marc parvint à se libérer de son énorme fardeau.

Et en même temps, pourrez-vous dire, que je sois innocent n'efface pas le mal que j'ai pu faire. Car j'ai fait du mal à mon prochain. Même si c'était sans le vouloir, je l'ai blessé, je l'ai meurtri, je l'ai trompé. Mon innocence, en admettant qu'aujourd'hui je la proclame, n'y change rien.

Cela se comprend.

« ... Il y a une seule chose dont Dieu même est privé, disait Aristote, c'est de faire que ce qui a été fait ne l'ait pas été[1]. » Et le précepteur d'Alexandre d'ajouter : « Le passé ne peut pas ne pas avoir été ». Cela, nous le concevons, certes, mais nous avons tellement de mal à l'accepter.

Faute de savoir nous y prendre autrement, et afin de combattre cette intolérable évidence, nous demeurons coupables et nous continuons de considérer l'autre comme étant coupable. Si paradoxal que cela puisse paraître, la culpabilité

1. Aristote, *Éthique à Nicomaque*, éditions les Échos du Maquis, p. 131.

se révèle, en elle-même, un processus d'expiation sans fin. Et c'est ce que nous voulons d'ailleurs lorsque nous posons sur nous-mêmes l'étiquette « VICTIME ».

PARDONNER, C'EST CESSER DE SE HAÏR

Faut-il alors, puisque nous sommes innocents, nous pardonner ? Et faut-il, si l'on admet que les autres aussi sont innocents, leur pardonner pareillement ?

« Pardonner, dit Comte-Sponville, c'est cesser de haïr[1] », et il serait temps, si nous voulons nous bien traiter, que nous cessions enfin d'éprouver de la haine envers nous, celle-là même que nous projetons à l'extérieur et qui fait tant de dégâts. Il n'y a haine venant de l'autre que parce qu'il y a haine de soi. Or, si l'on ne peut rien par rapport à celle-là, on peut tout, en revanche, par rapport à celle-ci. Et ce que l'on peut a pour nom le pardon. Je me pardonne. Je ne demande pas pardon à l'autre car cela reviendrait à lui donner un pouvoir qu'il n'a pas. Je n'attends pas de l'autre que, de sa hauteur, il veuille bien me l'accorder, car ce serait rompre l'égalité entre nous. Je n'implore pas de l'autre qu'il accepte de me pardonner, qui me ferait être encore coupable quand je suis innocent. Non, je me pardonne et j'exprime à l'autre mes regrets – à l'autre, même s'il n'est plus, puisqu'il est toujours, au moins dans ma mémoire : « Je regrette, je ne savais pas, j'ai joué un rôle, je me suis trompé, je suis désolé », et, tout en respectant sa douleur, tout en comprenant sa peine, tout en étant rempli de compassion à son endroit, par le don qui m'est fait de pouvoir aimer, je fais preuve, à mon égard, d'un commencement de miséricorde.

1. André Comte-Sponville, *Petit Traité des grandes vertus*, *op. cit.*, p. 159.

J'animais l'été dernier un séminaire résidentiel – c'est Nicole qui rapporte cela –, au cours duquel un homme d'une cinquante d'années, responsable du marketing dans une entreprise internationale, évoqua, un soir, sa difficulté à demander pardon à ceux qu'il avait maltraités dans sa vie. Comme c'était l'heure de clôturer nos travaux, je lui ai proposé de garder cela pour le lendemain et, en attendant, d'envisager de se pardonner lui-même. Le matin suivant, Paul raconta comment ses parents avaient été impitoyables avec lui et comment il avait reproduit leurs façons de faire avec ses propres enfants. Il les avait battus quand il n'avait pas su faire autrement pour ramener le calme à la maison, il les avait enfermés dans un placard quand ils avaient tenté de protester, il les avait punis quand ils n'avaient pas obéi. Il avait cru, alors, en toute bonne foi, agir pour leur bien, mais il se rendait compte, bien des années plus tard, des dégâts provoqués par cette maltraitance. Je lui ai demandé alors de choisir trois personnes dans l'assistance qui pourraient jouer le rôle de ses fils et de leur dire ce qu'il n'avait jamais pu encore exprimer. Il désigna donc trois hommes qui acceptèrent d'être, pour un temps, Thibault, Quentin et Arnaud, et il s'assit sur le tapis en face d'eux. « Je vous aime, leur dit-il d'abord. Je vous aime et je regrette de m'être comporté envers vous comme mon père l'avait fait envers moi. Je regrette de vous avoir frappés. Je ne savais pas. Je suis triste que, par mon fait, nous nous soyons ratés, triste de vous avoir diminués, triste de ne pas avoir assez joué avec vous. Je suis désolé. » Celui de ses vis-à-vis qui jouait le rôle de Quentin lui dit alors – comme s'adressant lui-même à son propre père – qu'il n'était pas trop tard pour bien faire et, comme Paul objectait que le temps des Lego était passé, il lui répondit qu'il y avait bien d'autres jeux auxquels ils pourraient désormais jouer ensemble. Celui qui jouait Thibault l'assura qu'il entendait ses regrets et le participant qui tenait le rôle d'Arnaud fut infiniment touché par le fait que « son » père lui ouvre enfin son cœur ainsi qu'à ses frères. Et ce qui fut très intéressant, dans ce travail, tient au fait que Paul, contrairement à ce qu'il avait annoncé la veille – c'est-à-dire avant de songer à se pardonner lui-même –, n'a pas un instant demandé pardon à ses enfants. Il ne s'est pas rendu dépendant de leur réponse. Il leur a simplement, et c'était infiniment plus puissant, exprimé ses propres regrets.

Le pardon a été inventé pour ce qui est impardonnable

Mais peut-on, semblablement, pardonner aux autres pour le mal qu'ils ont fait ? Si pardonner, c'est effacer, oublier, ou pis encore nier ce qui s'est passé, on comprend que, dans bien des cas, cela ne soit guère envisageable.

> Nul, en effet, ne pouvait demander à ma mère, et moins encore à mon grand-père – c'est Jacques qui parle –, de pardonner aux Allemands d'avoir affamé, humilié, torturé, déshumanisé et finalement liquidé, au cœur du ghetto de Varsovie, puis dans les camps d'extermination, la quasi-totalité de leur famille.

Mais si pardonner, c'est arrêter de se faire du mal à soi-même, si c'est ne pas ajouter du mal au mal et de la haine à la haine, n'est-ce pas de notre propre salut qu'il s'agit ? Et n'est-ce pas pour ce qui serait impardonnable qu'a été inventé le pardon ? « Par don » qui peut aussi bien s'écrire en deux mots, puisque nous sommes dotés du don de pouvoir extirper la haine du dedans de nos cœurs.

« Par don », nous sommes tous dotés d'innocence. Et l'innocence ne nous empêche pas d'être responsables, bien au contraire.

3

La responsabilité sans partage

Lorsque nous avons l'un et l'autre entrepris, il y a bien longtemps maintenant, de nous remettre en question, l'une de nos toutes premières découvertes fut la règle devenue caduque, un peu plus tard, du 50-50. Elle signifiait qu'en cas de difficulté dans une relation, quelle qu'elle soit, il appartenait à chacun de faire la moitié du chemin. C'était bien. De 0 % de responsabilité, nous étions passés à 50. Un vrai progrès, mais un progrès dont nous nous sommes vite rendu compte qu'il n'en était pas vraiment un. Le problème, en effet, avec un tel partage, est qu'il conduit inéluctablement à reprocher à l'autre de ne pas avoir fait sa part ou de ne l'avoir pas faite comme il aurait fallu. Et ainsi la culpabilité, chassée par la porte, revient aussitôt par la fenêtre ! « C'est ta faute, si nous n'y arrivons pas ! – Pas du tout, c'est la tienne ! » Et, alors, tout est à recommencer !

Responsable à 100 %

En fait, cette règle du 50-50, qui nous avait d'abord séduits, a pour conséquence de permettre à chacun – nous l'avons compris un peu plus tard – de continuer à dépendre de l'autre.

« Si mon mari et moi n'arrivons pas à nous sortir de nos difficultés, me disait l'une de mes toutes premières patientes – c'est Nicole qui témoigne –, c'est parce qu'il ne veut pas entendre parler de thérapie. Et s'il ne va pas lui aussi voir où est son problème, ce que je fais avec vous ne sert à rien ! »

C'est ce type de situation qui nous a permis de réaliser que l'autonomie, celle à laquelle nous aspirions nous-mêmes, celle à laquelle aspiraient les personnes qui venaient en consultation, ne pouvait, en aucune manière, s'accommoder d'une dose quelconque de dépendance. C'est ce type de situation qui nous a permis de comprendre que 50 ou rien, dans le fond, c'était pratiquement la même chose, et qu'en réalité nous sommes tous responsables à 100 % de ce qui nous arrive ; pour l'avoir créé, d'une part, et pour être aptes à y répondre, d'autre part. À 100 % chacun.

Ce qu'ils en disent

Jean-Paul Sartre : « L'homme est responsable de ce qu'il est[1]. »

Walter Anderson : « Je suis responsable. Bien que je ne sois pas capable d'empêcher le pire de se produire, je suis responsable de mon attitude à l'égard des inévitables infortunes qui assombrissent la vie. Des événements peuvent m'affecter : comment j'y réponds définit mon caractère et la qualité de ma vie. Je peux choisir de m'installer

1. Jean-Paul Sartre, *L'existentialisme est un humanisme*, 1946, rééd. Gallimard, coll. « Folio essais », 1996.

dans la tristesse, de me figer dans la peine ou je peux choisir de m'élever au-delà de la douleur et de rendre précieux le plus beau de tous les cadeaux : la vie elle-même[1]. »

André Gide : « Nous sommes responsables d'à peu près tous les maux dont nous souffrons[2]. »

Dans *Les Frères Karamazov*, Dostoïevski fait dire à l'un de ses personnages : « Chacun de nous est coupable devant tous, pour tous et pour tout, et moi plus que les autres[3]. » Revisitée à la façon d'Emmanuel Levinas[4], cette fameuse réplique d'Aliocha pourrait devenir : « Nous sommes tous responsables de tout et de tous, et moi plus que tous les autres. »

L'important n'est pas ce qu'on nous a fait, mais ce qu'on fait de ce qu'on nous a fait

Nous sommes responsables, en effet, lorsque, au lieu de nous cogner la tête contre les murs – c'est le

1. Walter Anderson, *The Confidence Course : Seven Steps to Self-Fulfillment*, Harper Collins Publishers, 1998.
2. André Gide, *Les Nouvelles Nourritures terrestres*, Gallimard, coll. « Folio », 1972.
3. Fiodor Dostoïevski, *Les Frères Karamazov*, Gallimard, coll. « La Pléiade », 1965, p. 310.
4. Emmanuel Levinas, *Éthique et Infini*, Fayard, 1982, p. 105.

propre de la culpabilité –, nous assumons ce qui est. Car il ne s'agit plus alors de nous juger ni de juger personne, il ne s'agit plus de nous condamner ni de condamner personne, il ne s'agit plus de chercher à disparaître sous la terre ou à y faire disparaître autrui ; il s'agit de faire avec ce qui est. Aldous Huxley disait de l'expérience qu'elle est « ce que vous faites avec ce qui vous arrive[1] », ce que Sartre avait formulé à peine autrement : « L'important, écrivait-il, n'est pas ce qu'on fait de nous, mais ce que nous faisons nous-mêmes de ce qu'on a fait de nous[2]. »

Combien de fois dans notre vie, avons-nous inutilement maintenu notre énergie sur ce qu'*on* nous avait fait, au lieu d'envisager, de façon constructive, ce que nous pouvions faire de ce qui nous avait été fait ?

Tel est le défi que la responsabilité nous conduit à relever. Et maintenant ? Oui, et maintenant ? Ce qui est passé étant définitivement passé, que vais-je faire de ce qui m'est arrivé ?

Mais ce défi suppose l'acceptation de ce qui est, et c'est souvent là que le bât blesse. Quoi de plus difficile, en effet, pour nous, êtres humains, que d'accepter ce qui est, quand ce qui est, selon ce que nous en disons, est précisément inacceptable ? Et plus c'est inacceptable, plus il faut un coupable. Qui que ce soit, quoi que ce soit, mais un coupable absolument, qui nous exonère de devoir accepter l'inconcevable. Nous faisons alors comme si accepter, c'était cautionner ; nous faisons comme si accepter, c'était se résigner ; nous faisons comme si accepter, c'était se diminuer. Or, il n'en est rien.

---

1. Aldous Huxley, *Le Meilleur des mondes*, Pocket, 1977.
2. Jean-Paul Sartre, *Saint Genet, comédien et martyr*, Gallimard, 1952.

Dans une lettre qu'il aurait pu écrire à Etty Hillesum, cette jeune femme qui fut gazée[1] à Auschwitz le 30 novembre 1943, après nous avoir laissé *Une vie bouleversée*[2], Alexandre Jollien lui dit, et ce n'est pas rien dans le dramatique contexte de la Shoah : « L'acceptation, tu me le montres, n'est pas une capitulation[3]. » Et en effet, accepter, c'est tout le contraire de capituler. C'est – tâche immense, tâche grandiose, tâche sublime s'il en est – faire avec la réalité de ce qui est.

Accepter ce qui s'est passé n'est pas capituler

Certes, nous aurions tant de fois voulu que ce qui était ne fût pas ! Et le philosophe suisse que nous venons de citer aurait tant aimé, sans doute, ne pas avoir eu à passer dix-sept années de sa jeunesse enfermé dans une institution pour personnes handicapées… Nous aurions tellement voulu que l'épreuve détourne de nous son chemin. Nous aurions si souvent voulu que le drame ne se soit pas produit. Nous aurions tellement voulu que ça, cette chose épouvantable, ne soit pas arrivé. Nous aurions tant voulu remettre les pendules à l'heure juste avant que cela ne nous tombe dessus. Juste l'instant d'avant. Et c'est sans doute pour cela aussi, la culpabilité ne s'attachant qu'au passé, pour demeurer dans cet instant d'avant, que nous avons, de tout temps, eu besoin d'un fautif. Quand bien même Épicure a dit depuis longtemps que nul ne peut rendre « non accompli ce qui est arrivé[4] », nous nous comportons,

1. Voir ci-dessus, page 19.
2. Etty Hillesum, *Une vie bouleversée*, *op. cit.*
3. Alexandre Jollien, *La Construction de soi*, Le Seuil, 2006, p. 171.
4. Épicure, *Sentences vaticanes*, 55.

à bien des égards, comme si nous le pouvions ! Et nous nous faisons encore plus de mal avec le mal qu'on nous a fait. Il arrive même que nous nous fassions tant de mal que cela devienne insupportable, au point que la seule façon d'en sortir est de trouver à notre vie une issue de secours et de fuir. Fuir dans la mort ou fuir dans la folie. La maladie d'Alzheimer, qui touche de près ou de loin de nombreuses familles dans nos sociétés modernes, en fait la démonstration éclatante.

Dans le film *Away From Her* (« Loin d'elle »), avec Julie Christie, son auteur, Sarah Polley, raconte comment Fiona, son héroïne, se laisse glisser vers cette maladie parce qu'elle ne se sent pas capable d'accepter que son mari ait de nouvelles aventures. Et un médecin de nos amis travaillant en gérontologie nous confiait récemment combien les délires des malades étaient, bien souvent, révélateurs des événements qui avaient déclenché un processus de fuite de la réalité par impuissance à l'accepter. Une de ses patientes, nous dit-il alors que nous évoquions ce film avec lui, hurlait toutes les nuits dans sa chambre d'hôpital, cherchant désespérément à en chasser une femme, un caniche et un papillon. « Dehors, criait-elle, dehors, sortez d'ici ! » Il avait eu, nous confia-t-il, la curiosité d'interroger une sœur cadette de la malheureuse qui venait très souvent lui rendre visite. Elle lui révéla que son aînée avait jadis découvert une relation que son mari entretenait avec sa secrétaire. Or, celle-ci possédait un caniche et portait, autour du cou, un bijou en forme de papillon. Il s'avéra que, même quand le couple s'était raccommodé, cette femme n'avait jamais vraiment réussi à accepter ce qu'elle avait vécu comme une trahison. Plus encore, elle avait commencé à manifester les premiers symptômes de la maladie bien des années plus tard, après avoir appris que l'ancienne secrétaire en question devenue retraitée avait emménagé dans un immeuble que l'on pouvait voir de sa fenêtre.

Évidemment, ni la fuite ni la mort ne résolvent rien, et la réalité demeure envers et contre tout.

Ce qu'ils en disent

Rudyard Kipling : Si tu peux voir détruit l'ouvrage de ta vie
Et sans dire un seul mot te mettre à rebâtir […]
Tu seras un homme, mon fils[1].

Alexandre Jollien : « À force de lutter contre un problème, nous finissons par devenir notre problème[2]. »

C'est donc en acceptant ce qui est qu'on se rend apte à y répondre et qu'on donne à notre humanité la dimension qu'elle mérite. Mais être responsable passe aussi par l'acceptation d'être, éventuellement, pour quelque chose dans ce qui est advenu.

1. Rudyard Kipling, *Œuvres*, t. 3, Gallimard, coll. « La Pléiade ».
2. Alexandre Jollien, *La Construction de soi*, *op. cit.*, p. 168.

Osons assumer pleinement notre implication dans les événements de notre vie

Et là, le bât blesse plus encore ! « Comment, diront certains, comment osez-vous dire que ce qui s'est produit est de mon fait ? » La culpabilité avec laquelle nous prenions quelque distance tente alors de nous rattraper au lasso ! « Vous avez le cran de prétendre que c'est ma faute ? C'est intolérable ! Absolument intolérable ! »

Mais qui donc a parlé de faute ? Personne. Vraiment personne. En ayant le courage de nous demander si, d'une certaine façon, nous n'avons pas, quelquefois, attiré les personnes et les situations à l'origine d'une épreuve, loin de vouloir nous confondre, nous osons assumer pleinement notre implication dans les événements.

Loin de vouloir nous inculper et loin de vouloir nous maltraiter, nous faisons un pas de plus vers la « bientraitance ».

Lorsque nous avons envisagé, dans les chapitres précédents de cet ouvrage, le sens des épreuves et le sens de la vie, nous avons émis l'hypothèse qu'il existait une instance en nous capable d'une prodigieuse connivence avec l'extérieur. Et lorsque nous avons dit que la séparation était une illusion, nous avons considéré que telle situation douloureuse, nous l'avions créée parce qu'elle était un moyen dont nous disposions pour faire émerger un fragment gênant, voire repoussant de notre personnalité que l'autre était venu personnifier. Et c'est bien de cela qu'il s'agit de nouveau ici.

Qui, tel monseigneur Bienvenu qui avait accueilli Jean Valjean et lui avait fait confiance, n'a-t-il pas été trompé ? Et qui ne s'est jamais fait voler ses chandeliers ou autre chose à quoi il tenait peu ou prou ? Tout le monde, bien sûr. Mais qui n'en a jamais profité pour s'interroger en des termes qui pourraient être ceux de l'exercice qui suit ?

Exercice

Pensez à un épisode de votre vie au cours duquel vous avez estimé que votre confiance avait été trahie et posez-vous les questions suivantes :

– À bien y réfléchir, maintenant, et avec le recul, n'ai-je pas, dès le premier regard que j'ai échangé avec cette personne, su ce à quoi je m'exposai, et n'ai-je pas ainsi participé, bien malgré moi, à l'enchaînement des circonstances qui s'ensuivirent ?

– Se pourrait-il alors, comme le suggérait Goethe, que si j'ai été trompé(e), je me trompe moi-même[1] ? Dans quels domaines, en effet, me mens-je à moi-même ? Quelles histoires me raconté-je ? Quelle comédie joué-je sur la scène de théâtre de mon existence ?

– Finalement, cette trahison dont je me suis considéré(e) être la victime, en quoi m'enrichit-elle ? Que m'apprend-elle sur moi ? Que vais-je donc faire de ce que l'on m'a fait ?

1. « On n'est jamais trompé, on se trompe soi-même » (Goethe, *Maximes et Réflexions*, partie VI, Garnier, 1961).

Et si Roméo avait réellement existé, n'aurait-il pas, sans le vouloir, sans le savoir, mais tout en le voulant, tout en le sachant, créé le drame qui le conduirait, avec Juliette, jusqu'au tombeau ? Ne l'aurait-il pas créé parce que c'était le seul moyen qu'il aurait trouvé pour parvenir à réconcilier les deux familles rivales et pour en finir avec la haine ancestrale que se vouaient Capulet et Montaigu ?

> LE PRINCE, *jetant les yeux sur la lettre.* – Cette lettre confirme les paroles du moine. Voilà tout le récit de leurs amours... Il a appris qu'elle était morte ; aussitôt, écrit-il, il a acheté du poison chez un pauvre apothicaire et sur-le-champ s'est rendu dans ce caveau pour y mourir et reposer près de Juliette. (*Regardant autour de lui.*) Où sont-ils, ces ennemis ? Capulet ! Montaigu ! Voyez par quel fléau le ciel châtie votre haine : pour tuer vos joies, il se sert de l'amour ! Et moi, pour avoir fermé les yeux sur vos discordes, j'ai perdu deux parents...
>
> CAPULET – Ô Montaigu, mon frère, donne-moi ta main. (*Il serre la main de Montaigu.*) Voici le douaire de ma fille ; je n'ai rien à te demander de plus.
>
> MONTAIGU – Mais moi, j'ai à te donner plus encore. Je veux dresser une statue de ta fille en or pur. Tant que Vérone gardera son nom, il n'existera pas de figure plus honorée que celle de la loyale et fidèle Juliette.
>
> CAPULET – Je veux que Roméo soit auprès de sa femme dans la même splendeur[1].
>
> William Shakespeare

Les voies de Dieu, dit-on, sont impénétrables. Peut-être. Mais les mécanismes inconscients que nous mettons

1. William Shakespeare, *Roméo et Juliette*, acte V, scène 3.

en œuvre pour parvenir à nos fins, si incroyables qu'ils puissent nous apparaître lorsqu'ils sont découverts, ont peut-être quelque chose à voir avec ces mêmes voies. En sorte qu'elles ne sont peut-être pas aussi impénétrables que cela.

Rien ne se passe sans l'accord de toutes les âmes

Je me souviens de cette femme rencontrée sur la plage – c'est Nicole qui raconte –, qui s'occupait activement des jumeaux auxquels elle avait donné naissance quelques mois plus tôt. Comme nous nous installions, chaque jour, à proximité l'une de l'autre, nous avons, peu à peu, lié connaissance. Elle sut bientôt la profession que j'exerçais, si bien qu'elle partagea avec moi ce qu'elle avait vécu. Un an plus tôt, Julia avait décidé d'entreprendre une psychothérapie parce qu'elle se voyait approcher de la quarantaine sans avoir eu d'enfant. Elle imputait son infertilité au fait qu'étant plus jeune elle avait fait interrompre une grossesse, sous la pression de son mari qui n'était pas prêt à être père. Elle lui en voulait pour cela et elle s'en voulait de l'avoir écouté. Évidemment, cette culpabilité, comprit-elle au fil des séances, ne la menait à rien d'autre qu'à se faire du mal. Elle s'était rendue à cette évidence, en effet, qu'elle ne pouvait pas ne pas avoir avorté autrefois. C'était fait et la seule chose qui pouvait être changée, était-elle parvenue à admettre, était le regard qu'elle posait sur cet événement. Cela supposait un détour par les conditions de sa propre naissance, et c'est ce que lui proposa son thérapeute. Après avoir prétendu que cela n'avait rien à voir avec le problème qui motivait sa démarche, et à l'invitation réitérée de lui raconter comment elle était née, elle fondit en larmes et put à peine articuler le récit de son histoire.

Sa mère attendait des jumeaux et l'accouchement aux forceps fut un enfer. Il fallut infiniment de temps au médecin pour sortir le premier bébé et, quand vint le tour du second, il était trop tard. Au cours de son travail, Julia réalisa combien elle s'en était toujours voulu d'avoir, d'une certaine façon, empêché sa sœur de venir au monde. Elle se considérait même comme étant son assassin. Inconsciemment guidée par une sorte de compulsion de répétition, elle avait, environ vingt-cinq ans plus tard, mis fin à la vie d'un fœtus qui, cette fois, était dans son propre ventre. C'est dire qu'elle avait, réalisa-t-elle alors, créé les conditions pour reproduire le forfait qu'elle se reprochait, en tombant enceinte à un moment que son conjoint trouverait inopportun. À ce stade de son cheminement, elle se demanda pourquoi diable elle avait eu besoin de passer par cette épreuve. Oui, pour quoi, plutôt en deux mots qu'en un seul, me dit-elle, pour marquer que l'essentiel n'est pas de comprendre mentalement ce qui s'était passé, mais d'envisager ce que cette compréhension permettait. « Pour quoi, d'après vous ? me demanda-t-elle. Je serais curieuse de savoir ce que vous en pensez. – Peut-être, lui dis-je alors, mais ce n'est qu'une hypothèse, parce que rien ne se passe sans l'accord de tous les inconscients. » Son visage s'illumina. « C'est incroyable ! s'exclama-t-elle. En d'autres mots, vous dites exactement la même chose que ce à quoi je suis moi-même parvenue ! Rien ne se passe sans l'accord de toutes les âmes ! répéta-t-elle à sa façon. C'est bel et bien cela ! Dans la famille de mes parents, je suis sûre aujourd'hui que tout le monde avait été d'accord pour que ma jumelle ne voie pas le jour. Et dans mon propre foyer, tout le monde aussi, y compris l'enfant que je portais, avait été d'accord pour que ma grossesse n'aboutisse pas. » Quand elle eut réalisé cela, me confia-t-elle encore, elle se rendit compte qu'elle était innocente, et elle eut envie de monter sur les toits de Paris pour le crier au monde entier. « Outre qu'en effet vous étiez innocente, vous avez pris l'entière responsabilité de l'IVG que vous avez fait pratiquer ! – Et voilà le résultat ! me dit-elle fièrement, en dirigeant un sourire épanoui en direction de ses enfants. Des jumeaux, s'il vous plaît ! »

4

Être sous influence

Être responsable, ce n'est pas seulement « répondre à », c'est aussi, disait Levinas, « répondre de », c'est-à-dire répondre de l'autre. Non pas, comme on pourrait le croire, dans le sens d'être le gardien de son frère – car ce serait répondre de ses fautes, ce qui nous replacerait sur le terrain de la culpabilité –, mais dans le sens où tout ce que chacun fait, pense, dit ou tait influe plus ou moins, mais souvent beaucoup plus qu'on ne le croit, sur tout ce qui l'entoure.

Le mot d'humour

« J'ai pris la décision de ne plus être influençable. Qu'est-ce que vous en pensez[1] ? »

Patrick Sébastien

1. Patrick Sébastien, *Carnet de notes*, Le Cherche Midi, 2001.

Tous les parents le savent bien, pour s'être toujours préoccupés des bonnes ou des mauvaises fréquentations de leurs enfants et de l'influence qu'elles pourraient avoir sur leur avenir. Et tous ceux qui furent des enfants le savent également pour s'être, à un moment ou à un autre, laissé entraîner, ou pour avoir bien failli se laisser entraîner, à la dérive. Ils le savent aussi pour avoir eu, au cours de leur scolarité, une institutrice, un professeur qui les a particulièrement marqués et qui a, comme il est dit en quatrième page de couverture du *Cercle des poètes disparus* de N. H. Kleinbaum, « transformé leur vie à jamais[1] ».

ON TRANSMET CE QUE L'ON EST, BIEN PLUS QUE CE QUE L'ON SAIT

Car même si nous n'avons pas été élèves de M. Keating, nous avons à peu près tous connu un professeur qui, pour paraphraser Jean Jaurès, n'enseignait pas ce qu'il savait, mais bien plutôt ce qu'il était[2]. Nous avons été sensibles à sa façon de parler, à sa façon de se tenir, à sa façon d'accueillir, à sa façon d'écouter, à sa façon d'aimer et, tout naturellement, nous avons voulu nous en inspirer. Sa vie nous paraissait extraordinaire, si bien que nous avons imaginé la nôtre semblablement.

---

1. N. H. Kleinbaum, *Le Cercle des poètes disparus*, Le Livre de poche, 1997.

2. « On n'enseigne pas ce que l'on veut ; je dirais même que l'on n'enseigne pas ce que l'on sait ou ce que l'on croit savoir : on n'enseigne et on ne peut enseigner que ce que l'on est », Discours « Pour la laïque » prononcé à la Chambre des députés en janvier 1910 ; *Pour la laïque*, Le Bord de l'eau, 2004.

« — Ouvrez votre livre à la page 542, Pitts, et lisez la première strophe du poème.

Pitts tourna les pages de son livre.

— "Aux Vierges, pour qu'elles profitent du temps présent" ? demanda-t-il.

— Celui-là même, répondit Keating tandis que des gloussements se faisaient entendre.

Pitts s'éclaircit la voix :

— *Cueillez dès maintenant les roses de la vie*
Car le temps jamais ne suspend son vol
Et cette fleur qui s'épanouit aujourd'hui
Demain sera flétrie.

Il s'arrêta.

— Cueillez dès maintenant les roses de la vie, répéta Keating. L'expression latine illustrant ce thème est *Carpe diem*. Quelqu'un sait-il ce que cela veut dire ?

— *Carpe diem* ? dit Meeks, incollable en latin. "Profite du temps présent." […]

— *Carpe diem*, murmura Keating d'une voix d'outre-tombe. Profitez du jour présent. Que vos vies soient extraordinaires[1] ! »

À l'époque où nous cherchions des modèles pour nous construire – car « le paradoxe de la condition humaine, dit Boris Cyrulnik, c'est qu'on ne peut devenir soi-même que sous l'influence des autres[2] » –, nous les avons trouvés tout autour de nous. Et nous pouvons, sans doute, les uns et les autres, dresser ici la liste de celles et de ceux qui nous ont montré l'exemple, peu importe que celui-ci fût à suivre ou à ne pas suivre.

1. N. H. Kleinbaum, *Le Cercle des poètes disparus*, *op. cit.*
2. Boris Cyrulnik, *Les Nourritures affectives*, Odile Jacob, 2000.

Le battement d'ailes d'un papillon

Si certaines personnes ont marqué votre existence de leur empreinte, quelquefois malgré elles, il faut en déduire que, vous-mêmes, exercez nécessairement une influence sur les cercles qui sont autour de vous.

C'est peut-être parce que vous êtes rayonnant et cela donne envie. C'est peut-être parce que vous avez toujours le sourire et cela attire. C'est peut-être parce que vous êtes attentif à l'autre et cela ne laisse pas indifférent. Mais c'est peut-être aussi parce que vous êtes musclé et cela peut impressionner, ou que vous êtes séducteur et cela peut plaire évidemment, ou que vous êtes dépourvu de scrupule et cela peut impressionner celui qui s'en trouve trop. C'est peut-être même – et cela arrive fort souvent – pour quelque chose qui n'a rien d'enviable et que votre enfant reproduira guidé par un désir inconscient de vous être fidèle d'une manière ou d'une autre. C'est peut-être aussi pour un rien que vous n'avez même pas remarqué et qu'un autre aura observé.

> Je me souviens – c'est Jacques qui parle – d'un condisciple au lycée qui, au lieu de caler son stylo entre le pouce et l'index, le plaçait entre l'index et le majeur. Je ne saurais dire pourquoi, mais cette originalité m'a plu. J'ai essayé et, trouvant ce mode de préhension plutôt commode, j'ai écrit de cette façon pendant quelques années de ma vie.

Il découle de cela que nous observons les autres qui nous observent. Il en découle aussi que ce que nous dégageons a des effets bien au-delà de ce que nous pouvons imaginer. Et c'est pourquoi chaque être humain a une immense part de responsabilité, vis-à-vis non seulement de chaque autre être humain, mais de la nature tout entière.

« Un sourire, disait Raoul Follereau, produit beaucoup… il ne dure qu'un instant, mais son souvenir est parfois éternel[1] », tandis qu'un mégot de cigarette jeté dans le caniveau – et il y en a quelque cinquante milliards par an dans le monde – pollue, à lui seul, jusqu'à 1 000 litres d'eau[2].

Une pensée d'amour est capable, selon le docteur Emoto[3], de purifier les molécules de l'eau – ces mêmes molécules qui nous constituent –, tandis qu'« il suffit, fait dire Jean-Paul Sartre à l'un de ses personnages, qu'un seul homme en haïsse un autre pour que la haine gagne de proche en proche l'humanité entière[4] ».

Et si la haine, ce n'était pas que les autres ?

Il suffit qu'un seul homme en haïsse un autre ! Vous rendez-vous compte ? Chacun de nous est alors tenté de penser qu'il n'est pas cet homme-là ; bien sûr ! Il dira que celui qui hait, ce n'est certainement pas lui ! Tout comme l'enfer, la haine, c'est les autres ! Mais est-ce si sûr ? Sommes-nous vraiment honnêtes lorsque nous la situons définitivement en dehors de nous ? N'avons-nous jamais, nous-mêmes, éprouvé quelque chose qui y ressemble ? Évidemment, si cela nous est arrivé, nous estimons que nous

1. Raoul Follereau, *Le Livre d'amour*, Association internationale des fondations Raoul Follereau, 1983.

2. « Le mégot, premier pollueur des océans… » megot.com

3. Masaru Emoto, *Messages de l'eau*, Hado Publishing, 2000.

4. Jean-Paul Sartre, *Le Diable et le Bon Dieu*, Gallimard, coll. « Folio », 1971.

avions, pour cela, de bonnes raisons. Face à un criminel qui a fait tant de mal, comment pourrait-il en être autrement ? Face à semblable vermine, n'est-il pas normal de vivre les choses ainsi ? Face à une engeance de cette espèce, n'est-ce pas naturel ? Sans doute. Mais alors, cet homme, celui dont parle Sartre, ce seul homme qui en hait un autre, avec de justes motifs, certes, mais qui hait quand même, cet homme qui, haïssant, propage la haine, de proche en proche, dans tout le genre humain, cet homme ne serait-il pas nul autre que… ?

« Nous sommes tous, disait Jung, les éducateurs de nos semblables[1]. » Vous rendez-vous mieux compte de notre responsabilité d'hommes vivant parmi les hommes ? Avez-vous besoin que nous évoquions une autre situation ? Celle de l'exclusion, par exemple ?

Tout porte à penser que l'exclusion est nécessairement imputable à autrui. Et, dans les faits, c'est souvent incontestable. Ainsi en est-il lorsqu'un homme de couleur se voit refuser l'entrée d'une boîte de nuit, lorsque le *curriculum vitae* d'un candidat à un emploi est écarté parce que son nom sent fort la banlieue (à moins, car il semble que la ségrégation soit en train de changer de camp, qu'une jeune fille ne soit pas embauchée dans telle grande chaîne de magasins parce qu'elle ne porte pas le voile), ou lorsqu'un gamin portant une kippa calotte sur la tête se fait agresser sur le chemin de l'école. Reste que si nous nous sentons exclus, nous sommes impuissants à changer ceux qui nous rejettent, mais nous avons toute latitude à rechercher dans quelle mesure nous avons, nous-mêmes, créé de l'exclusion au point de la recevoir en boomerang. Voyons, vivons-nous refermés sur nous-mêmes ou sommes-nous

1. C. G. Jung, *Psychologie et Éducation*, Buchet Chastel, 1990, p. 34.

vraiment ouverts aux autres ? Notre point de vue est-il celui de notre naissance ou sommes-nous capables de nous abstraire de cette circonstance ? Les propos que nous tenons sur ceux qui nous sont étrangers seraient-ils acceptables si nous étions ces étrangers-là ? Le respect des différences l'emporte-t-il sur notre spécificité culturelle ? Et n'est-ce pas qu'en vérité, en étant tout à fait honnête, celui qui pratique l'exclusion, dans le fond, c'est aussi… ?

Responsable de chaque mot, de chaque silence, de chaque geste

Ah ! c'est vrai, il y a l'éternel argument qui consiste à dire « mais ce n'est pas nous qui avons commencé ! », qui nous ramène en un instant à la cour de récréation de l'école élémentaire, voire l'école maternelle : « M'dame, M'dame, ce n'est pas moi, c'est lui qui a commencé ! » Même Adam et Ève, au paradis, nous l'avons dit, tenaient ce langage. Et pour y gagner quoi, sinon d'être voués à une damnation éternelle ? Ne nous chassons-nous pas nous-mêmes en permanence du jardin d'Éden, en jouant ce petit jeu-là qui consiste à montrer l'autre du doigt ? Ne nous refusons-nous pas, ce faisant, la grandeur de notre humanité en n'assumant pas les conséquences de ce que, directement ou indirectement, consciemment ou inconsciemment, nous avons créé ou contribué à créer ?

« J'ai découvert ce qui faisait de toi un esclave, écrivait majestueusement Wilhelm Reich. Tu es ton propre argousin. Tu es seul et unique responsable de ton esclavage. Toi et personne d'autre. Moi, je te dis : ton seul libérateur c'est toi[1] ! »

1. Wilhelm Reich, *Écoute, petit homme !*, Petite Bibliothèque Payot, 2002.

On comprend pourquoi Saint-Exupéry écrivait qu'« être homme, c'est précisément être responsable[1] ».

Le sommes-nous donc, que nous soyons chef d'entreprise ou boulangère, journaliste ou chauffeur de taxi, cinéaste ou vendeur de bicyclettes ? Le sommes-nous vraiment, quelle que soit notre position sociale ? Et faut-il des catastrophes, qu'elles surviennent sur le plan individuel ou collectif, pour en prendre conscience !

Hollywood et les morts du tabac,
par Joe Eszterhas, scénariste

« J'ai écrit quatorze films. Mes personnages fument dans bon nombre d'entre eux… Fumer, ça faisait partie d'une image de mauvais garçon que j'ai cultivée pendant longtemps – fumer, boire, faire la fête… Je suis sûr que l'industrie du tabac a aimé *Basic Instinct*. Un fabricant a même lancé la marque Basic, peu après que le film est devenu un succès mondial…

En me rappelant tout cela, j'ai du mal à me pardonner. Je me suis rendu complice du meurtre d'un nombre incalculable d'êtres humains… Il y a dix-huit mois, on a diagnostiqué, chez moi, un cancer de la gorge, conséquence d'une vie passée à fumer. Je suis vivant, mais tellement diminué. Je n'ai presque plus de larynx. Je parle avec difficulté et les autres ont du mal à me comprendre.

Cela fait un an et demi maintenant que je ne fume plus et que je ne bois plus… Je veux faire tout ce que je peux pour réparer le mal que j'ai pu faire… Et je dis à mes collègues de Hollywood : ce que nous faisons en montrant des grandes stars fumer sur les écrans est tout simplement inconscient. Nous sommes l'agence de publicité et la force de vente d'une industrie qui tue près de dix mille personnes

1. Antoine de Saint-Exupéry, *Terre des hommes*, Gallimard, coll. « Folio », 2004.

par jour ! Une cigarette dans les mains d'une vedette... est une arme qu'on met entre les mains de gosses de douze à quatorze ans (j'avais douze ans moi-même quand j'ai commencé à fumer...), une arme qui se retourne contre le gamin lorsqu'il devient adulte. Et nous, ici, alors que nous savons ce qu'il adviendra de cette arme, nous nous cachons derrière un écran de fumée avec des mots comme "la liberté créatrice" et "l'expression artistique". Mais ces mots sont de grossiers mensonges conçus, au mieux, pour donner un alibi à notre paresse. Je sais, ces mensonges, je les ai dits moi-même. Mais la vérité est qu'il y a mille autres manières bien plus originales pour mettre en valeur un personnage...

J'ai du sang sur les mains. Et Hollywood en a aussi. Grâce à mon cancer, j'essaie de laver les miennes. Je ne souhaite à personne de vivre ce que j'ai vécu, mais je supplie l'industrie du cinéma de cesser de contribuer à ce que des millions d'hommes et de femmes endurent ce que j'ai souffert[1]. »

Faut-il des catastrophes comme le cancer du larynx du scénariste de *Basic Instinct* ou les leucémies consécutives à l'explosion de la centrale de Tchernobyl pour se rendre compte qu'on est responsable de chaque mot que l'on dit, de chaque silence que l'on marque, de chaque geste que l'on pose, de chaque critique que l'on fait, de chaque attitude que l'on prend ?

---

1. « Blaming Hollywood », article paru dans le *New York Times* du 9 août 2002 (traduction libre de Jacques Schecroun).

Exercice

Imaginez un petit enfant sur le point de s'installer devant un écran pour regarder une vidéo Pas un dessin animé. Non. Le film des dernières vingt-quatre heures qui viennent de s'écouler dans votre vie à vous. C'est cela que ce chérubin va voir défiler, et c'est vous qui avez la télécommande en main. Allez-y maintenant, appuyez sur *Play* : les premières images apparaissent à l'écran.

À quel moment êtes-vous tenté de revenir sur une scène parce qu'elle vous paraît essentielle et qu'il vous semble important que l'enfant en tire grand profit ?

À quel moment, au contraire, êtes-vous tenté de jouer les censeurs et de filer à la scène suivante ?

Être un modèle pour autrui

Chacun de nous, en effet, même le sans domicile fixe qui, avec d'autres, a trouvé refuge sous un enchevêtrement de bretelles autoroutières, peut être un modèle pour ceux qu'il côtoie. Chacun de nous. 1+1+1, disait Alexandre Jardin[1]. 1+1+1 qui n'attendent pas que l'autre se comporte de façon responsable pour l'être eux-mêmes, 1+1+1 qui

1. Alexandre Jardin, *1+1+1*, Grasset, 2002.

achètent des voitures moins polluantes, qui évitent les trajets en avion, qui mangent moins de viande ou plus du tout, qui maîtrisent leurs pensées, qui veillent à leurs gestes et qui envisagent les conséquences à long terme de tout ce qu'ils entreprennent ; 1+1+1 qui, à l'instar de Mikhaïl Gorbatchev[1] et autres Al Gore[2] et Wangari Maathai[3], ont fait leur l'invitation de Kant : « Agis selon la maxime qui peut en même temps se transformer en loi universelle[4]. »

Quelques-uns ici – vous peut-être – s'aviseront d'aller désormais dans cette direction ou de devenir, comme aurait dit Gandhi, le changement qu'ils veulent voir opérer dans le monde. Et certains en profiteront, sans doute, pour se faire grief, au passage, de ne pas avoir réagi plus tôt. Ce qui, de nouveau, ne sert à rien, sinon à se polluer l'esprit, qui n'est pas, loin de là, le but recherché.

Il se peut aussi qu'en empruntant cette voie nous déplorions de nous être construits en nous inspirant d'exemples dont nous nous serions bien passés. En même temps, et de la même façon qu'il serait inadéquat de cracher dans la soupe qui nous est servie, il est inopérant de regretter ce qui a fait que nous sommes là aujourd'hui. Tous les modèles qui nous ont influencés, y compris ceux que nous ne recommanderions ni ne souhaiterions à personne, n'ont-ils pas été utiles, en effet, pour nous mener à ce point de notre vie où nous sommes à même de proclamer notre innocence et de prendre la mesure de notre immense responsabilité ?

---

1. Voir notamment *Mon manifeste pour la Terre*, éditions du Relié, 2002.

2. Voir notamment son film *Une vérité qui dérange*, réalisé par David Guggenheim.

3. Fondatrice, en 1977, de l'ONG Green Belt Movement, aujourd'hui le plus grand projet de reboisement d'Afrique, elle devient, en 2004, la première femme africaine à recevoir le prix Nobel de la paix.

4. Emmanuel Kant, *Métaphysique des mœurs*, 1785, t. 1, Flammarion, 1994, p. 118.

QUATRIÈME PARTIE

ET SI NOS CROYANCES PRÉCÉDAIENT NOS EXPÉRIENCES ?

« [E]nfin on s'est vu réduit à la nécessité de croire ce que tout le monde croyait de peur de passer pour un factieux[1] […]. »

Pierre Bayle

Nous sommes convaincus, du moins le plus grand nombre d'entre nous, que nos croyances sont le fruit de nos expériences.

Et si, pourtant, au contraire, nos croyances précédaient nos expériences ?

Cela voudrait dire que nous n'y sommes pas soumis ?

Cela voudrait dire que nous sommes beaucoup plus libres que nous ne le pensons ?

Cela voudrait dire que nous sommes aussi libres que nous rêvons de l'être ?

Mais cela ne voudrait pas dire que nos croyances ont été inutiles. Sans elles, en effet, il est probable que nous ne serions jamais parvenus jusqu'au point de nous en libérer.

La vie n'a-t-elle pas voulu, de ce fait, le meilleur pour nous ? Et envisager que nos croyances ne sont pas la conséquence de nos expériences, n'est-ce pas cesser de nous maltraiter et commencer à vraiment nous bien traiter ?

---

1. Pierre Bayle, *Pensées diverses sur la comète*, chap. 7, Flammarion, 2007.

1

Les croyances en question

Robert était issu d'une famille très modeste qui l'avait poussé à réussir ses études. En même temps, lorsqu'il était enfant, son père ne cessait de répéter à qui voulait l'entendre qu'il était ouvrier, que ses enfants graviraient peut-être une marche sur l'échelle sociale, que ses petits-enfants feraient un peu mieux, ses arrière-petits-enfants mieux encore, et ainsi de suite. Robert obtint son diplôme d'architecte, ce qui combla de joie ses parents, mais il demeura toute sa vie collaborateur dans un cabinet et ne parvint jamais à percer véritablement. Il avait, profondément enracinée en lui, la croyance qu'il pouvait réussir, mais pas trop. Et les faits lui donnaient raison.

S'il y a un mot qui pouvait caractériser l'enfance de Jane, c'était bien le mot « nulle ». Que de fois, en effet, avait-elle entendu ses oncle et tante qui l'avaient élevée la qualifier ainsi, et combien d'instituteurs et d'institutrices lui avaient-ils tenu le même langage ? Que de fois elle-même, d'ailleurs, s'était-elle, étant petite fille, puis adolescente, puis jeune femme, traitée de la sorte, et combien de fois avait-elle utilisé ce même adjectif pour désigner autrui ? Jane avait la croyance qu'elle était nulle et que les autres étaient nuls et tout semblait se passer, dans sa vie, comme si les événements s'acharnaient à lui donner raison et, par la même occasion, à donner raison à ceux qui avaient fait son éducation.

Karen avait grandi auprès de sa grand-mère. Sa mère la lui avait confiée dès sa naissance pour aller vivre sa vie à l'autre bout du monde. Mamouna était une brave femme qui, cependant, avait peur de tout, et spécialement du monde extérieur. Elle verrouillait, chaque soir, toutes les portes de la maison, se réveillait parfois la nuit pour vérifier qu'elle n'avait pas oublié une fenêtre et pouvait bien, sur le chemin du marché, rebrousser chemin parce qu'elle n'était pas sûre d'avoir fermé le portail à double tour. Elle se méfiait des étrangers et interdisait à sa petite-fille de parler à des inconnus. Devenue adulte, Karen était convaincue que le monde était dangereux, d'autant qu'en effet il lui était arrivé de nombreuses mésaventures qui légitimaient cette croyance.

« Je ne vaux rien », telle était la certitude de Pascal. Nombreux sont ceux qui sont convaincus qu'ils ne valent rien ou pas grand-chose parce qu'ils échouent en tout ou presque et que leur vie est une succession de galères. Pascal, lui, semblait avoir tout réussi. Il était ingénieur, il avait fait un beau mariage et il était père de trois enfants. Malgré cela, il lui arrivait fréquemment, à l'occasion d'une contrariété ou d'une déconvenue, de réaffirmer sa croyance qu'il ne valait rien.

Quand la croyance est certitude

Comme Robert, comme Jane, comme Karen, comme Pascal, nous avons adopté, tous autant que nous sommes, dès l'aube de notre vie, des croyances que nous avons bien vite considérées comme des vérités incontournables, si ce n'est même, souvent, pour certaines d'entre elles, comme des vérités universelles. C'est à ce point d'ailleurs que la distinction que fait le vocabulaire entre « croyance » et « certitude » se révèle, dans le contexte de ces réflexions, des plus inopérantes. Lorsque, en effet, nous croyons qu'« on ne peut décidément faire confiance à personne », il est clair que notre « croyance » est une « certitude ». Subjective, certes, mais résistante à toute épreuve.

Ainsi, il y a ce que nous croyons être – nuls, incapables, supérieurs, incompris, maladroits, malchanceux, associables, fragiles, et qui sait quoi encore –, qui correspond, en règle générale, à une ou à des étiquettes, le plus souvent péjoratives, qui furent mises sur nous au temps de notre enfance et que nous avons conservées.

Il y a également ce que nous croyons sur les autres, sur le monde, sur la vie : « L'homme est un loup pour l'homme », « La vie est rude », « L'eau va à la rivière », « C'est trop beau pour être vrai », « Un malheur ne vient jamais seul », « Ça ne va pas durer », « Il n'y a pas de rose sans épines », « Toutes les femmes sont des… », « Tous les hommes sont des… », etc.

Il y aussi tout ce que nous croyons sur Dieu. Il existe. Il n'existe pas. Il est aux abonnés absents. Il punit, etc.

Il peut être intéressant, ici, de dresser la liste des croyances qui vous sont propres. Et de les noter. Cela a peut-être l'air de rien, mais le fait de réfléchir avec un stylo en main donne souvent des résultats assez inattendus et il n'est pas rare d'être surpris en lisant ce que l'on a écrit. Et si vous avez quelques difficultés à trouver ce que vos croyances peuvent être, pensez seulement à toutes les fois où vous avez proclamé : « Vous voyez, j'avais bien raison… » et rappelez-vous alors les formules qui pouvaient suivre. Là sont vos croyances. Tout simplement.

Exercice

Sur une feuille de papier de qualité, recopiez et complétez :

Voici ce que je crois :

1° Sur moi-même :
– Je suis…
– Je suis…

2° Sur les hommes en général :
– Les hommes sont…
– Les hommes sont…

3° Si vous êtes une femme, sur l'autre sexe :
– Les hommes sont tous…
– Les hommes sont tous…

4° Si vous êtes un homme, sur l'autre sexe :
– Les femmes sont toutes…
– Les femmes sont toutes…

5° Sur le monde :
– Le monde est…
– Le monde est…

6° Sur la vie :
– La vie est…
– La vie est…

7° Sur Dieu :
– Dieu est…
– Dieu est…

Voilà donc tout ce que vous croyez. Cela étant fait, il peut être intéressant aussi de mettre en face de chaque croyance une expérience que vous avez vécue et qui vous a confirmé que vous aviez raison de croire ce que vous avez écrit. Ainsi, si vous croyez qu'il n'y a pas de fumée sans feu, relatez un événement qui, selon vous, le démontre. Si vous croyez qu'on ne peut faire confiance à personne, exposez de même une circonstance de votre vécu qui le prouverait.

Vous pouvez donc retourner à l'exercice ci-dessus et le compléter de vos réponses.

Est-il bien sûr que nos croyances soient vraies ?

Ainsi, tout ce que vous croyez sur vous-même, sur les autres, sur le monde, sur la vie et sur Dieu est consigné sur cette feuille, de même que les raisons fort légitimes, selon vous, qui justifient que ce que vous croyez est absolument vrai.

D'une certaine façon, on pourrait dire que ce document vous décrit. C'est, en quelque sorte, votre autoportrait. Il révèle les croyances sur lesquelles vous vous êtes construit. Relisez-vous pour être bien sûr qu'un de vos proches, s'il devait tomber dessus, s'exclamerait : « Oui, aucun doute, c'est bien lui ! », « Oui, assurément, c'est bien elle ! ».

Suite de l'exercice

Nous allons mettre ce document sous pli en prenant soin de ne pas l'abîmer. Le mieux est d'utiliser une enveloppe correspondant au format du papier afin de ne pas le plier. Maintenant, de votre plus belle écriture, notez le nom et l'adresse du destinataire à qui vous allez l'adresser :

Monsieur le conservateur en chef des archives humaines, Service des vestiges

L'adresse ? Ah ! oui, c'est vrai, l'adresse ! En fait, vu le volume des correspondances qu'il reçoit, le conservateur – il y a eu récemment une circulaire à ce sujet – n'accepte plus que… des cendres.

Aussi, placez-vous à l'extérieur de chez vous, dans votre jardin, sur votre balcon, à votre fenêtre, et, à l'aide d'une allumette, livrez au feu votre autoportrait afin qu'il puisse, de cette façon, rejoindre les vestiges. Quel autodafé ! Tout ce que vous croyiez part en fumée !

Que ressentez-vous ?

Le jésuite Anthony de Mello disait qu'il n'y avait qu'une seule cause à notre infortune et c'étaient les « croyances que nous avons en tête, croyances si répandues, si communément admises qu'il ne se produit même pas que [nous] les remettions en question[1] ».

D'aucuns diront que, si nous ne les remettons pas en question, c'est parce qu'elles sont vraies et prouvées par les expériences de notre vie. Celui qui pense qu'il ne vaut rien vous le prouvera aisément en vous énumérant tout ce qu'il

1. Anthony de Mello, *Quand la conscience s'éveille*, Albin Michel, coll. « Espaces libres », 2002.

a raté. Celui qui est convaincu qu'on ne peut faire confiance à personne saura vous le démontrer en vous racontant comment il a été grugé de mille et une façons. Celui qui croit que le monde est une jungle voudra vous en convaincre en vous exposant les vicissitudes qui justifient cette métaphore.

Est-il bien sûr, pour autant, que nos croyances soient vraies ? Et pourriez-vous, dès lors, avoir quelque regret de les avoir laissées partir ? Geoffrey Madan a écrit que « la poussière des croyances envolées donne un magnifique coucher de soleil[1] » ; faut-il donc chercher à les rattraper, ou cela laisse-t-il augurer d'un beau lendemain ?

1. « *The dust of exploded beliefs may make a fine sunset* » (traduction libre de Jacques Schecroun).

2

L'indispensable cohérence

Sabrina, cette jeune femme d'origine nord-africaine qui était venue me consulter – c'est Nicole qui témoigne –, avait été le souffre-douleur de son père lorsqu'elle était enfant. Quand il est mort et que sa mère s'est remariée avec un autre homme, cela avait été pire encore. Ayant épousé le premier garçon qui s'était présenté pour quitter le foyer parental, elle se trouva bien vite confrontée à la violence de son mari. Après l'avoir quitté, elle se mit en ménage avec un autre homme qui la maltraitait plus encore. Évidemment, quand on lui demandait en quelle estime elle tenait les hommes, elle répondait que c'étaient tous des voyous et, si vous aviez le moindre froncement de sourcils, elle avait mille preuves à vous apporter.

Nos croyances précèdent nos expériences

À l'instar de Sabrina, nous sommes très nombreux à penser que nos croyances découlent de nos expériences, ce qui, d'ailleurs, semble plutôt logique. C'est bien parce que Sabrina n'a connu, dans sa vie, que des hommes qui l'ont battue que l'image qu'elle a de l'autre sexe n'est pas des plus flatteuses. Imaginons, cependant, qu'il en aille autrement. Imaginons que les certitudes que nous détenons ne découlent pas de notre vécu et émettons un instant l'hypothèse que nos croyances précèdent nos expériences. Dans le cas de Sabrina, cela voudrait dire que ce n'est pas parce qu'elle a été maintes fois maltraitée par des hommes qu'elle les considère tous comme des brutes, c'est parce qu'elle les considère tous comme des brutes qu'elle attire à elle des individus qui vont la conforter dans sa croyance.

Ainsi, et de la même façon que notre sentiment de culpabilité existait avant que nous lui trouvions des raisons d'être, il semble bien, qu'on le veuille ou non, que nos croyances précéderaient nos expériences.

Un impérieux besoin de cohérence

Est-ce pour autant, direz-vous, que nous attirons à nous les personnes et les situations qui vont nous permettre de prouver que nos croyances sont fondées ? Et quand bien même ce serait le cas, sommes-nous insensés au point de provoquer des malheurs dans notre vie, juste pour avoir raison ?

Envisageons cette seconde question avant de considérer la première. Serions-nous donc assez stupides pour nous mettre, de nous-mêmes, dans des situations difficiles, voire douloureuses, si ce n'est tragiques ?

Observons ici comme nous sommes enclins à nous juger et comme le jugement que nous sommes prêts à rendre sur nous-mêmes pourrait nous dispenser d'aller plus loin. Or, disait André Malraux, « juger, c'est de toute évidence ne pas comprendre, puisque, si l'on comprenait, on ne pourrait pas juger[1] ».

1. André Malraux, *Les Conquérants*, Grasset, 1928.

Accordons-nous donc de comprendre.

Le psychologue américain Abraham Maslow a proposé en 1943 une classification hiérarchique des besoins humains[1], le passage d'un niveau à l'autre ne pouvant s'effectuer, selon son étude, que si le besoin du niveau inférieur est satisfait. De bas en haut, il plaçait, au niveau 1 de la pyramide, les besoins physiologiques liés à la survie (respirer, boire, manger, dormir, etc.) ; au niveau 2, le besoin de sécurité ; et ainsi de suite, jusqu'à ce qu'il a appelé le besoin d'accomplissement.

Il semble, cependant, qu'un besoin fondamental ait échappé à Maslow : un besoin essentiel qui aurait quelque chose à voir avec le besoin de sécurité, hors la satisfaction duquel aucune vie psychologiquement équilibrée n'est possible. Il s'agit du besoin de cohérence.

Une question de vie ou de mort

Lorsqu'un petit d'homme s'éveille à la vie, il apparaît en effet impératif que ce que disent ses parents ou ceux qui en tiennent lieu soit absolument vrai, quand bien même ce qu'ils disent serait totalement infondé. Ce doit être vrai, puisque cela vient de ceux-là mêmes qui l'ont conçu, qui le nourrissent et dont il dépend ; ils ne peuvent pas se tromper. Ils sont la vérité, en sorte que la confiance obligée que l'enfant place en eux ne peut que demeurer entière. C'est, pour le nouveau-né, sinon une question de vie ou de mort, du moins une question de salubrité d'esprit.

Nous sommes à peu près tous en mesure de le comprendre, mais nous sommes presque aussi nombreux à

1. Abraham Maslow, « A Theory of Human Motivation », *The Psychological Review*, vol. 50, n° 4, 1943, p. 370-396.

imaginer qu'ensuite, grâce à notre éducation, nous avons pu faire la part des choses, opérer un tri et ne garder que ce qui tenait la route. Pour partie, cela est vrai. Quand nos parents, ou l'un d'eux, prétendaient que si nous mentions, notre nez, comme celui de Pinocchio, grandirait à vue d'œil, nous avons tôt fait d'expérimenter qu'ils avaient pris quelque liberté avec la vérité. Nous avons fait de même pour le père Noël et pour ouvrir un parapluie dans la maison, c'est-à-dire dans tous ces domaines relevant de la légende, du conte de fées ou de la superstition. Là aussi, nous avons su faire preuve de discernement. Mais il n'en fut pas ainsi pour la vision du monde qui prévalait autour de nous, pas plus que pour le cadre de références de nos pères et mères. Il n'en fut pas ainsi pour ce qu'ils croyaient vrai, absolument vrai et dont ils avaient eux-mêmes hérité, sans bénéfice d'inventaire, de la part des générations qui les avaient précédés. Tout cela, nous n'avions pas d'autre choix que de le recevoir tel quel, d'autant plus que la livraison nous en a été faite bien avant que nous n'acquérions un minimum d'esprit critique. Et non seulement nous l'avons reçu tel quel, mais, le plus souvent, d'autres personnes sont apparues un peu plus tard dans notre vie – en général un maître d'école, un professeur, le ministre d'un culte – pour aller dans le même sens.

Il fallait que ce que l'on nous avait dit soit vrai.

Imaginez ici un enfant de l'âge auquel on fait ses premiers pas. Pensez à ce qui peut se passer dans sa tête si, parce qu'il pleure et qu'il refuse de manger sa soupe, sa mère lui dit et lui répète qu'il est vilain et que s'il continue elle ne va plus l'aimer. Et imaginez qu'à ce moment-là, le père rentre du travail, et que, prenant la situation en main, il fasse entendre sa voix avec des mots plus incisifs encore. La traduction, en termes de croyance, que fait alors ce petit être des réactions parentales est que, outre sa vilenie, il n'est pas aimable. C'est ce qu'on lui dit. C'est ce que lui disent les seuls êtres au monde qui comptent pour lui. C'est même ce que lui disent ceux qui, pour lui, sont le monde. Comment le monde, sans s'écrouler, pourrait-il avoir tort ? Et s'il n'a pas tort, c'est qu'il a raison. Il faut nécessairement qu'il ait raison. Et c'est alors qu'il se produit, dans sa vie, un phénomène incroyable. Puisqu'il faut absolument que ses parents, ses maîtres et tout le système aient raison, et que, tout compte fait, les preuves qu'ils en rapportent semblent assez minces, il va lui-même se charger de les conforter. « Ah ! vous dites que je suis vilain(e) ? Eh bien, je vais vous montrer que c'est vrai ! », « Ah ! vous dites que je ne suis pas aimable ? Eh bien, je vais vous démontrer, et par la même occasion au monde entier, que vous n'avez pas tort ! », « Ah ! vous dites que… ? Eh bien… ! ». Et ce faisant, il va faire en sorte que sa vie tout entière soit en cohérence avec le tableau qu'ils en ont dressé. C'est une question vitale. S'il s'avérait – ce qui est impossible, pour un enfant d'à peine quelques mois – que ses parents soient dans l'erreur, ce serait la catastrophe, la fin du monde, l'apocalypse !

Dès lors, la pyramide de Maslow pourrait comporter un niveau intermédiaire entre le 1 et le 2 qui correspondrait au besoin de cohérence.

Ce besoin de cohérence est si fort qu'il remplit les hôpitaux, les prisons et les cimetières. Qui, en effet, se donnerait la peine de tendre l'oreille en ces lieux pourrait y entendre les murs ou les pierres murmurer le secret de ceux qui y séjournent et ce secret s'exprime en autant de : « J'avais bien raison… ! »

« J'avais bien raison, je vous l'avais bien dit, je suis un monstre… ! », nous signifie l'assassin en sa prison.

« J'avais bien raison, je vous l'avais bien dit, la vie est injuste ! », nous crie le malade qui souffre sur son lit d'hôpital.

« J'avais bien raison, je vous l'avais bien dit, le bonheur ne dure jamais ! », chuchote, après qu'un accident lui a ôté la vie en pleine lune de miel, le trépassé qui croyait depuis toujours que « ça ne va pas durer ».

Ainsi, si incroyable que cela puisse paraître, nous sommes prêts à tout, y compris au pire – et cela vaut tant au niveau des individus qu'au niveau des nations –, pour prouver que nos croyances sont justes !

Nous attirons les événements

Dans ce contexte, il revient à chacun de vérifier comment il a – ou n'a pas – passé sa vie à confirmer les croyances qu'il a faites siennes au début de son existence.

En tout cas, celles et ceux qui, autour de nous, voire avec nous, en séances ou au cours de nos séminaires, l'ont envisagé ont souvent fait des pas significatifs vers la « bien-traitance ».

Il a fallu, pour cela, qu'ils passent par la case « attirer les personnes et les situations susceptibles de confirmer une croyance », qui correspond, vous vous en souvenez, à la première des deux questions que nous avions posées. Se peut-il vraiment, en effet, nous étions-nous demandé, que nous ayons cette faculté ?

Pourquoi le nierions-nous, quand nous nous sommes souvent entendu dire à propos de telle personne ou de telle autre : « C'est incroyable, mais il (elle) attire les emm… ! » ou encore : « C'est fou, tout ce qu'il touche se transforme en or ! » ?

Pourquoi, sinon parce que nous nous sentons coupables d'avoir été, au moins pour partie, à l'origine de nos difficultés ? Néanmoins, si nous n'envisageons plus quoi que ce soit en termes de fautes, si notre préoccupation n'est plus de nous juger, mais de nous tourner vers l'avenir, nous pouvons commencer à porter un autre regard sur nos tourments.

Pourquoi diable nous maltraitons-nous ?

Ainsi, toutes ces croyances auxquelles nous sommes attachés par besoin de cohérence et qui nous ont été utiles puisqu'elles nous ont protégés de la folie – à quoi mène hélas ! l'incohérence –, toutes ces croyances, donc, font que nous nous maltraitons. Nous nous rendons malades, nous sommes déprimés, nous sommes anxieux, nous sommes à bout de nerfs, et cela nous fait du mal.

Alors évidemment la question se pose de savoir pourquoi nous nous faisons du mal. Quel est ce processus inconscient qui est à la manœuvre ?

Notre hypothèse est que nous avons été pour la plupart d'entre nous, maltraités, et qu'à tout le moins, cela participe, qu'on le veuille ou non, de la maltraitance, nous nous sommes sentis humiliés. Étant ainsi traités, même si ce ne fut pas intentionnellement, même si c'était, comme le dit Alice Miller, pour notre bien, nous avons reçu ce que les analystes transactionnels appellent des signes de reconnaissance, ceux-là mêmes dont nous avons tous besoin pour exister et qui peuvent être aussi bien des caresses que des coups, aussi bien des mots gentils et des encouragements que des injures et des paroles dégradantes. Or, force est de constater que, bien souvent, les années passant, nous procédons comme on a procédé avec nous : nous avons été maltraités et avons reçu des signes de reconnaissance, nous nous maltraitons et recevons les signes de reconnaissance qui vont avec. Tout comme si, finalement, l'adage était : je souffre, donc j'existe !

Cela fait tellement de bien, de se faire du mal

Et donc, nous nous faisons du mal. Mais, avouons-le, cela, parfois, fait tant de bien !

Oui, oui ! vous avez bien lu, c'est ce que nous avons écrit : cela fait tellement de bien de se faire du mal ! Vous protestez encore… et pourtant !

Mais pourquoi ? Pourquoi se faire du mal ?

Et si c'était par fidélité ? En nous faisant du mal comme on nous a fait du mal, en nous humiliant comme on nous a humiliés, nous sommes fidèles aux nôtres, fidèles à une lignée, fidèles à une religion, et, parfois même, fidèles à une culture.

Mais vient le jour d'en prendre conscience. Et c'est alors que la fin de la maltraitance de soi se profile à l'horizon…

3

L'affranchissement de toute limitation

Ainsi, nos croyances, en tant qu'elles sont des opinions qui découlent non pas de notre propre vécu, mais de ce qu'on nous a dit ou transmis de façon non verbale et que nous n'avons eu de cesse de confirmer nous-mêmes, nos croyances, donc, sont infondées.

Le sont-elles toutes, pourtant ? Puisqu'il y en a, diront opportunément certains, qui ne font de mal à personne et qui, même, font le plus grand bien… C'est par exemple la croyance que « tout finit toujours par s'arranger » ou celle, s'agissant de la maladie, selon laquelle, « chez nous, il n'y a pas de ça ! ».

Il n'y a rien à croire, mais tout à connaître

Je me souviens d'un jour – c'est Nicole qui écrit – où l'une de mes sœurs qui pouvait bien avoir, alors, six ou sept ans, toussait de façon si inquiétante que ma mère se précipita avec elle à la consultation de notre médecin de famille. Il diagnostiqua qu'elle pouvait bien avoir de l'asthme et ma mère ne le crut pas un instant. « De l'asthme ! répétait-elle, de retour à la maison. De l'asthme ! Il n'y a pas de cela chez nous ! » Et de fait, il n'y en eut point. Ni ma sœur ni personne ne développa jamais cette pathologie. Il se peut que le médecin se fût trompé. D'accord. Mais la conviction de ma mère me parut si puissante et, partant, sa croyance si indiscutable, qu'il n'était guère possible qu'une maladie puisse la contrarier.

C'est la même certitude qu'exprima, cent fois, la mère de Roland Perez, comme il le raconte dans son roman *Ma mère, Dieu et Sylvie Vartan*, porté à l'écran par Ken Scott. Née avec un pied bot, la mère de l'auteur, incarnée au cinéma par Leïla Bekhti, refuse résolument de l'accepter. Alors que tous les médecins de l'époque l'assurent qu'il ne marchera jamais, elle est, quant à elle, bien convaincue du contraire. Son fils ne sera pas handicapé. Son fils sera comme tout le monde. Son fils réussira dans la vie. Vous devinez la suite…

Il est donc vraisemblable que tout ce qui nous a été transmis, de façon verbale ou non verbale, n'est pas nécessairement faux. Aussi, comme en toute matière, il convient sans doute de veiller à ne pas jeter le bébé avec l'eau du bain. Si nous avons la croyance que la vie est belle, gardons-la, évidemment. Et celle d'être né sous une bonne étoile aussi, bien sûr. Pour autant, dans ces cas-là, c'est-à-dire des cas où l'on ne s'attache pas à vouloir démontrer que l'on a absolument raison, il est probable que notre « croyance » n'en soit pas vraiment une.

André Comte-Sponville disait lors d'un colloque qu'« il n'y a rien à croire… puisque tout est à connaître[1] ». Et, en effet, dès lors que nous ne nous contentons pas des croyances des autres, fussent-elles celles de nos père et mère, et que nous ne passons pas notre vie à vouloir

1. André Comte-Sponville, *Le Bonheur, désespérément*, Librio, 2003.

démontrer qu'elles sont vraies, le champ est ouvert pour nos propres expériences. Ce seront alors des expériences vierges de toute influence ; ce seront des expériences dont la finalité n'est pas de prouver que nous avions ou qu'ils avaient bien raison ; ce seront des expériences de vie en toute liberté.

D'ailleurs, si, comme nous l'avons supposé, nos croyances précèdent nos expériences, cela signifie que nous ne sommes pas à la merci du sort, que nous ne sommes pas démunis, que nous y pouvons quelque chose. Nous pouvons changer notre vie, sans doute, en renonçant à la croyance pour passer à la connaissance.

Remercier nos croyances

Pour autant, on ne se débarrasse guère de nos croyances comme on met au rebut une paire de chaussures usées. Le poète et essayiste américain Oliver Wendell Holmes n'allait-il pas jusqu'à dire : « Nous recevons tous au berceau les croyances de notre tribu en tatouage ; la marque peut sembler superficielle, elle est indélébile[1] » ? Il y a sans doute là une négation, que nous ne partageons pas, de notre faculté à effacer ce qui a été inscrit, mais le propos de cet auteur illustre combien nos croyances sont enracinées. Elles nous collent à la peau ! Plus encore, elles collent à nos cellules, aux cellules de notre corps, elles sont comme l'ossature invisible de notre être psychologique.

Elles ont cependant, reconnaissons-le, permis au personnage que nous nous sommes créé de se construire, elles nous ont permis de nous adapter à notre milieu et d'arriver jusqu'à ce jour où nous prenons conscience du rôle qu'elles

1. Discours, 1860.

ont joué dans notre vie. Nous pouvons alors en dresser la liste, les regarder et les remercier dans les deux sens de ce mot, celui de l'infinie gratitude que nous pouvons leur exprimer et celui du congé que nous sommes disposés à leur donner.

Atelier

Imaginez que c'est vous l'enfant de la légende dont on dit qu'un ange est venu sur son berceau, à sa naissance, poser si fort son doigt sur ses lèvres pour lui imposer le silence que l'empreinte qu'il a laissée a formé le sillon creusé entre le nez et la bouche. Imaginez qu'avant de pousser votre premier cri, la vie vous apparaissait comme une extraordinaire aventure que vous étiez impatient de vivre et la rencontre avec les autres comme une perspective réjouissante de joies infinies. Imaginez que vous, tout petit, étiez prêt à vous lancer, en toute confiance, dans l'existence, avec une perception toute innocente, voire naïve, de vous-même, des autres, de la vie, du monde et de Dieu. Dans ce contexte, le monde étant tel qu'il est, votre ange gardien pouvait-il décemment vous laisser aller plus avant sans discernement ? N'aurait-ce pas été comme vous envoyer à la guerre une fleur au fusil et à la bouche une chanson ? Non, vraiment, il ne pouvait pas faire cela ! À contrecœur et pour vous protéger, il vous a imposé de calmer vos élans et de modérer votre enthousiasme. Il vous a imposé de renoncer à qui vous étiez vraiment. De l'oublier. De vous taire.

C'est alors qu'il a fallu vous construire un personnage autre.

– Quel est donc ce personnage que vous vous êtes construit ? Celui d'un trop gentil ? d'un méchant ? d'une victime ? d'un bourreau ?

– Quelles sont les croyances qui sont attachées à ce personnage ?

– En quoi l'habit de ce personnage dont vous avez joué le rôle a-t-il été pour vous comme une bouée de sauvetage ?

– Voyez maintenant, dans votre garde-robe, cet habit que vous avez si souvent porté, qui est maintenant devenu démodé et tout râpé. Il est grand temps, pensez-vous, de vous en séparer. Mais avant de le faire, tenez-le en main encore une fois juste en pensant au temps jadis où il était flambant neuf et où vous avez brillé avec. Que ressentez-vous à l'heure de vous en défaire ainsi ?

Il vaut mieux donc, pour vivre autrement, nous départir de nos croyances. Si nous n'en changeons pas, « [n]otre vie demeurera ce qu'elle est, dit Robert Anthony. Est-ce une bonne nouvelle[1] ? ».

Certainement pas, aurait répondu Marshall Rosenberg, le père de la communication non violente, selon qui,

1. Robert Anthony, *Beyond Positive Thinking*, Morgan James Publishing, 2004.

« dans la vie, on a le choix, ou d'avoir raison ou d'être heureux ».

Mais faut-il les remplacer par d'autres ? Et si oui, par quoi ?

ON NE REMPLACE PAS UNE CROYANCE PAR UNE AUTRE

Si votre conviction intime, tant de fois exprimée tout au long de votre existence, est que vous n'êtes pas aimable, quelle autre croyance pourriez-vous mettre à la place ? Qu'on peut vous aimer ? Que vous le méritez ? Que vous êtes un chic type ou une fille super ?

Tout cela est sans doute vrai, mais sont-ce alors encore des croyances ? Non, évidemment, puisque le propre de celles-ci, nous l'avons dit, est précisément de ne pas venir de nous-mêmes. N'en résulte-t-il pas qu'il n'est guère possible de remplacer une croyance par une autre ?

Ce qui vient de nous est une expérience. Non pas une expérience visant à prouver qu'une croyance est établie, mais une expérience sans a priori, une expérience vierge de toute intention, une expérience pour l'expérience, une expérience pour nous connaître et pour, à travers nous, mieux connaître les autres.

Ce qu'ils en disent

William James : « L'expérience immédiate de la vie résout les problèmes qui déconcertent le plus l'intelligence pure[1]. »

Jean-Jacques Rousseau : « L'habitude de rentrer en moi-même me fit perdre enfin le sentiment et presque le souvenir de mes maux. J'appris ainsi par ma propre expérience que la source du vrai bonheur est en nous[2]. »

Et l'expérience peut bien alors participer d'une permission. La permission qui ne vous a pas été donnée d'avoir confiance en la vie, la permission de réussir, la permission de voir le verre à moitié plein, vous pouvez la prendre enfin, vous-même. En sorte que, s'il faut remplacer nos croyances, que ce soit avec les permissions que l'on se donne !

Reste que toutes ces croyances qui, si longtemps, furent les nôtres, ces croyances auxquelles nous avons tant tenu, ces croyances pour lesquelles nous étions prêts à tout, et dont maintenant nous ne voulons plus, ces croyances, nous leur devons une fière chandelle ! Elles ont été les planches

1. William James, *La Volonté de croire*, Les Empêcheurs de penser en rond, 2005.
2. Jean-Jacques Rousseau, *Les Rêveries du promeneur solitaire*, 1782.

de bois avec lesquelles nous nous sommes fabriqué un radeau de sauvetage. Elles nous ont sauvé la vie.

Tout ce que nous ne sommes pas conduit à la vérité de qui nous sommes

Puisque nous ne pouvions pas être qui nous sommes vraiment, grâce à elles, nous allions être qui nous ne sommes pas et nous allions le prouver. Puisque encore ni les autres, ni la vie, ni le monde, ni Dieu ne pouvaient être comme nous avions l'intuition qu'ils étaient, nous allions, grâce à elles, en avoir une autre vision et nous allions prouver qu'elle était vraie. Puisque aussi nous ne pouvions plus ne faire qu'un ni avec l'humanité, ni avec les éléments, ni avec Dieu, nous allions, grâce à elles encore, nous distinguer en nous opposant à tout et à tous ceux qui avaient tort quand nous avions raison !

Et cela jusqu'à ce que nous prenions conscience de ce que, en définitive, tout ce que nous ne sommes pas nous conduit à la vérité de tout ce que nous sommes. Or, cette vérité-là n'a pas besoin d'être démontrée. Il n'est plus nécessaire, lorsqu'on la découvre enfin, d'avancer à coups de « Vous voyez, j'avais bien raison, je vous l'avais bien dit ». « La vérité, dit André Comte-Sponville, n'a pas besoin de prétendants. Elle n'a pas besoin de célébrants. Elle n'a pas besoin de défenseurs. Elle n'a pas de besoins du tout[1]. »

Aussi, en nous offrant des croyances auxquelles il a fallu adhérer pour survivre, la vie, semble-t-il, a voulu le meilleur pour nous. Et, en nous permettant de nous en libérer

1. André Comte-Sponville, *Traité du désespoir et de la béatitude*, vol. 1 : *Le Mythe d'Icare*, *op. cit.*, « Introduction ».

pour que nous vivions affranchis de toutes les limitations qu'elles contiennent, la vie ne veut-elle pas, plus encore, le meilleur pour nous ?

Elle nous a, sans doute, traités aussi bien qu'il était possible, dans un contexte donné, en nous laissant nous raccrocher aux croyances que nous avons adoptées. En nous en libérant, elle nous offre, en plus, la possibilité de nous « bientraiter ».

CINQUIÈME PARTIE

ET SI, MALGRÉ LES APPARENCES, TOUT ÉTAIT AMOUR ?

« Tout l'univers obéit à l'Amour…
Aimez, aimez, tout le reste n'est rien[1]. »

Jean de La Fontaine

Nous voulons à peu près tous, au moins pour nos enfants et les enfants de nos enfants, un monde meilleur, un monde en paix, un monde où règne l'amour entre les hommes.

Mais, n'est-ce pas, pour nombre d'entre nous, qu'un espoir lointain ? Un espoir que nous entretenons mais en n'y croyant pas totalement ? Un espoir que nous faisons reposer sur les autres sans envisager que la paix dans le monde futur commence par la paix en soi, ici et maintenant ?

1. Jean de La Fontaine, *Les Amours de Psyché et de Cupidon* (Firmin Didot, 1803), Flammarion, 1993, p. 35.

1

L'amour, un état d'être

De l'amour, tout a été dit, sans doute, et depuis longtemps. Mais il est souvent utile de redire les choses…

Le mal d'amour

Aristophane, l'un des fameux convives invités au banquet imaginé par Platon, voyait l'amour comme la quête de l'unité perdue, celle qui, selon ce qu'il raconte, existait du temps mythique où chaque homme était double, du temps où « nous formions un tout complet… », du temps où « nous étions un », du temps d'avant d'« être séparés de nous-mêmes[1] ». Il considérait que l'amour consiste à se fondre avec l'objet aimé et à ne plus faire qu'un, ensemble.

Socrate, invité au même banquet à s'exprimer à propos de l'amour, l'associe au manque. Et, en effet, ce qu'on n'a pas, ce vide qu'on cherche à combler, ce manque incessant de toutes choses et de l'autre, ou de l'autre tel que l'on voudrait qu'il soit, n'est-ce pas quelque chose que nous connaissons bien ? Et si, pour le philosophe d'Athènes, ce manque peut mener à la transcendance, il faut bien observer

1. Platon, *Le Banquet*.

que, avant d'y arriver, si tant est qu'on y arrive, il est synonyme de possessivité, d'avidité, de jalousie, en un mot de souffrance.

Aristote, auquel Spinoza fera écho, dira quant à lui que « l'amour, c'est se réjouir[1] ». C'est « la bienveillance mutuelle ou susceptible de le devenir, c'est la vie partagée, le choix assumé, le plaisir et la confiance réciproques[2]... », autant de situations que, à défaut de les vivre – et tant mieux si nous les vivons –, nous aspirons à connaître.

Le Deutéronome (23, 7) et Jésus – venu, rappelons-le, non pas pour abolir mais pour accomplir –, en proclamant, le premier, « tu n'auras point en abomination l'Édomite » et « l'Égyptien » – entendons par là, tes ennemis – et le second, en exhortant à aimer ces derniers, ont fait reculer jusqu'aux frontières du possible les limites de l'amour. Mais alors même que deux mille ans plus tard – et bien plus pour le Deutéronome –, cette proposition est le plus souvent restée lettre morte, elle n'en a pas moins traversé les siècles et n'a rien perdu de l'incroyable défi qu'elle contient.

Mais, quoi qu'en aient dit et la Bible et tous ces grands sages, force est de constater que la quasi-totalité des personnes qui viennent consulter un « psy » souffrent du mal d'amour. Sont-elles dépressives ? C'est qu'elles n'ont plus goût à rien, qu'elles n'ont plus d'envies, autrement dit qu'elles n'aiment rien et que personne ne les aime. Sont-elles en difficulté relationnelle avec un partenaire, un parent, un enfant ? C'est, à l'évidence une question d'amour. Sont-elles victimes d'une situation et pleines de ressentiment ? Sont-elles atteintes d'une maladie grave ? Le

1. Aristote, *Éthique à Eudème*, VII, 2, 1237 a 37-38.

2. André Comte-Sponville, *Petit Traité des grandes vertus*, *op. cit.*, p. 335.

praticien constate bien souvent que, au cœur du problème, il y a l'amour de soi, autrement dit, son absence.

Une autre façon d'aimer

Il faut dire que l'amour, la plupart d'entre nous l'avons appris d'une bien curieuse façon, en sorte qu'il n'est guère étonnant qu'il soit cause de nos tourments. Tout petits, nous avons appris l'amour qu'on pouvait nous donner et aussitôt nous reprendre, l'amour dont on pouvait nous déposséder, l'amour qu'on pouvait nous refuser si nous n'étions pas polis, pas sages, pas assez bons en classe. Nous avons appris l'amour que Dieu lui-même pouvait nous retirer si nous déviions un tant soit peu du droit chemin. Et c'est cet amour-là que beaucoup d'entre nous avons pratiqué et que, pour beaucoup encore, nous vivons au quotidien. C'est cet amour-là que nous avons cultivé dans nos relations, aimant et prétendant ne plus aimer, étant aimé et ne l'étant plus. C'est cet amour-là que nous avons voué tant à notre ascendance qu'à notre descendance, cet amour donné en récompense à l'autre, pour le fait qu'il ait été tel que nous avons voulu qu'il soit et cet amour enlevé, en punition, à l'autre pour ne pas avoir répondu à nos attentes. C'est de cet amour-là que nous parlons au café, c'est de cet amour-là qu'il s'agit, le plus souvent, au cinéma, au théâtre, à la télévision et dans les chansons. C'est cet amour qui est notre pain quotidien, plus ou moins frais, plus ou moins bon, plus ou moins chaud, plus ou moins croustillant, plus ou moins abondant, plus ou moins blanc, plus ou moins noir.

C'est cet amour-là qui nous a causé bien des désagréments, nous faisant naviguer de blessure en déchirure et de chagrin en rupture. C'est cet amour-là qui nous a rendus dépendants de l'autre en nous dépossédant de notre puissance à faire notre propre bonheur. C'est cette sorte d'amour qui, parfois, nous a fait désespérer d'aimer.

« *Cet amour*
Si violent
Si fragile
Si tendre
Si désespéré
Cet amour
Beau comme le jour
Et mauvais comme le temps
Quand le temps est mauvais
Cet amour si vrai
Cet amour si beau
Si heureux
Si joyeux
Et si dérisoire
Tremblant de peur comme un enfant dans le noir
[...]
Traqué blessé piétiné achevé nié oublié
Parce que nous l'avons traqué blessé piétiné achevé nié oublié
[...]
Reste là
Là où tu es
Là où tu étais autrefois
Reste là
Ne bouge pas
Ne t'en va pas
Nous qui sommes aimés
Nous t'avons oublié
Toi ne nous oublie pas
Nous n'avions que toi sur la terre
Ne nous laisse pas devenir froids
Beaucoup plus loin toujours

Et si, malgré les apparences, tout était amour ?

Et n'importe où
Donne-nous signe de vie
Beaucoup plus tard au coin d'un bois
Dans la forêt de la mémoire
Surgis soudain
Tends-nous la main
Et sauve-nous. »

Jacques Prévert, « Cet amour », *Paroles*

Or, en aimant ainsi, faute d'avoir appris différemment, nous avons ignoré qu'il existait « une autre façon d'aimer[1] ». Une autre façon d'aimer qui envisage l'amour non comme une action[2] ou comme « une sorte d'activité de plaisir[3] », mais bel et bien comme un état d'être ; une autre façon d'aimer qui envisage que, au-delà des apparences, l'amour est partout.

Incarner l'amour

État d'être, d'abord, donc. De quoi s'agit-il, qui n'est guère souvent évoqué dans les livres de philosophie ? De quoi parlons-nous, que l'on ne retrouve ni dans les manuels de psychologie ni dans les ouvrages de théologie ?

Avant que les épreuves de la vie ne se chargent de me le démontrer – c'est Jacques ici qui témoigne –, j'étais à

1. Comme aurait dit Denis de Rougemont, *L'Amour et l'Occident*, VII, 10/18.

2. « Une autre façon d'aimer » est le thème du grand festival international organisé par les auteurs (www.grandfestival.fr). C'est aussi le titre d'un ouvrage de Jacques Schecroun, Éditions de l'Homme, 2015 [*NdÉ*].

3. Comme aurait dit Aristote, *La Grande Morale*, II, 11, 1210b 6-8.

des années-lumière de pouvoir envisager une autre façon d'aimer. Et tout a vraiment basculé, pour moi, le jour où Nicole, comme elle l'a partagé plus avant[1], m'annonça qu'elle avait pris un rendez-vous avec un psy ! N'avez-vous jamais senti la terre, sous vos pieds, s'écarter ? Eu la sensation que le ciel vous tombait sur la tête ? N'avez-vous jamais, en un instant, vu s'écrouler tout ce que vous aviez bâti ? Un psy ! Abasourdi par cette annonce, j'ai dû dire, à ce moment-là, une bêtise du genre : « Tu veux aller voir un psy ? Mais tu es folle ! » – ce qui revenait à l'expédier, comble de l'incohérence, là où je pensais qu'elle n'avait pas à aller ! Eh bien vite, les semaines passant, il devint évident que je ne pouvais pas rester figé dans mes vieux schémas alors qu'elle se réveillait à elle-même. J'ai donc résolu, bon gré, mal gré, d'aller explorer la part d'ombre en moi, sans imaginer que je faisais là le premier pas du plus difficile, mais aussi du plus extraordinaire de tous les voyages. C'était sans soupçonner que c'était prendre le chemin d'une autre façon d'aimer. Une autre façon de m'aimer moi-même, une autre façon d'aimer l'autre, une autre façon d'aimer la vie, une autre façon d'aimer Dieu. Une autre façon d'aimer qui ne dépend de nul autre que de soi ; une autre façon d'aimer qui ni ne détruit ni ne juge, ni n'envahit ni n'offense, ni n'attend ni ne blesse ; une autre façon d'aimer libérée des mémoires du passé, allégée du fardeau de la peur, dépêtrée des vieilles croyances et déliée des anciens schémas répétitifs ; une autre façon d'aimer qui ne subit pas, qui voit toujours en l'autre un miroir et qui rend à chacun la totalité de sa puissance ; une autre façon d'aimer qui s'enrichit de tout ce qui est ; une autre façon d'aimer qui participe de l'idée que nous ne sommes pas séparés les uns des autres, que nous ne sommes qu'un et qu'il y a assez de tout pour tous ; une autre façon d'aimer qui ne doit rien à personne et qui

1. Voir page 24.

n'a rien à faire qu'à être ; une autre façon d'aimer qui a changé ma vie.

L'amour, donc, état d'être. Le nôtre. Le vôtre. Celui de ce nouveau-né que vous avez été. Ne dit-on pas, le plus souvent, en se penchant sur le berceau d'un nourrisson : « Quel amour ! » ?

D'aucuns pourront protester que nul n'a jamais dit cela à leur arrivée sur cette terre. Mais est-ce que cette circonstance qui tient au fait que leurs géniteurs n'avaient pas, eux-mêmes, été accueillis dans l'amour exclut le fait certain que c'est ce qu'ils étaient ? Amour.

D'autres pourront protester que le méchant l'a toujours été. Le fait est que nous venons tous chargés d'une hérédité, et les mémoires de nos parents, de nos ancêtres, de notre culture dont nos gènes sont porteurs ne garantissent pas qu'elle soit dénuée de toute malveillance. En même temps, l'expérience de l'accompagnement d'êtres humains en souffrance, leur fréquentation particulièrement intime, voire la descente, avec eux, dans les profondeurs de l'enfer qu'ils vivent ne nous conduisent pas à exclure qu'un tant soit peu d'amour ait été là, à l'origine. C'est si vrai, nous semble-t-il, qu'il n'est pas une personne qui, s'entendant dire pour la première fois qu'elle est amour, y demeure indifférente. Pas une personne qui ne soit bouleversée. Au contraire, il en est beaucoup chez qui ces mots font résonner quelque chose et qui sont tellement authentiquement touchés qu'ils fondent en larmes jusqu'à ne pas pouvoir, bien souvent, contenir des sanglots si intenses qu'ils paraissent venir du commencement des temps, du commencement de leur temps.

Exercice

Une nouvelle fois, installez-vous confortablement. Mettez-vous à l'aise. Concentrez votre attention sur votre respiration pour l'apaiser et pour ne penser à rien.

Quand vous aurez fermé les yeux, répétez-vous autant de fois que vous voudrez : « Je suis amour. »

Vous avez rouvert les yeux. Qu'avez-vous ressenti ?

Quelques-uns objecteront, bien sûr, que, non, définitivement, ils ne sont pas « amour ». Mais cette protestation même, en tant qu'elle n'est pas indifférence, est bon signe. Qui peut admettre d'emblée ce à quoi il n'a pas été habitué ? Et sa rébellion légitime n'est-elle pas la preuve de ce qu'un point sensible a été touché ?

Si donc si nous étions amour et que nous l'avons oublié, si vous étiez amour et que vous l'avez oublié, quel soulagement de vous en souvenir ! Et quel soulagement de constater que ce n'était qu'un oubli ! Il est plus facile, en effet, de se rappeler ce que l'on est vraiment que de devenir ce que l'on n'est pas. Et puisqu'il ne s'agit que de se souvenir, cela signifie que cet amour que nous avions oublié que nous étions nous-mêmes, cet amour est toujours là. Il n'y a rien à faire pour qu'il soit de nouveau. Rien à faire pour être aimé, rien à faire pour aimer non plus. Car aimer, disions-nous, est une question d'être. Juste être. Être l'amour, l'incarner en soi, le rayonner.

Que ferait l'amour s'il était à ma place ?

Mais, tout de même, comment faire ? demanderiez-vous peut-être ; oui, vraiment, comment faire pour cela ? Cette formulation montre que nous avons décidément bien du mal à renoncer à faire. Et puisqu'il faut donc faire avec, et demeurer dans ce cadre de références – pour en sortir, peut-être –, imaginons une option. Imaginons l'option qui consiste à se demander, en toutes circonstances, ce que ferait l'amour s'il était à ma place. Avant chaque geste, avant chaque mot, avant chaque silence, avant chaque action, avant chaque réaction : « Que ferait l'amour s'il était à ma place ? » Au-devant d'une situation quelle qu'elle soit : « Que ferait l'amour s'il était à ma place ? »

Visualisez la scène : un automobiliste que je n'ai pas vu avant de me rabattre vient piler devant moi et sort de sa voiture en m'insultant et en m'injuriant. Ni une ni deux, je suis prêt à bondir et à l'insulter à mon tour pour m'avoir fait si peur. Et là, au moment même où, au risque de prendre son poing dans la figure, je vais ouvrir ma portière pour aller lui dire ma façon de penser, une petite voix en moi m'interpelle : « Que ferait l'amour s'il était à ma place ? »

Imaginez encore : je rentre du travail, je suis fatigué(e) et, en plus, il faut absolument que je finisse ce soir de rédiger un rapport urgent. Mais les enfants courent dans tous les sens et font un vacarme épouvantable. J'ai beau leur demander du calme, ils ne veulent rien entendre. Je ne vais pas tarder à m'énerver. Et au moment où je n'y tiens plus et où ma colère va exploser, une voix intervient : « Que ferait l'amour s'il était à ma place ? »

Au boulot, les collègues profitent de l'absence d'un(e) des nôtres pour le (la) critiquer avec délectation. Emporté(e) par la vague et pour ne pas être en reste, je suis prêt(e) à en rajouter. Mais au moment où je vais ouvrir la bouche, une voix est là qui me murmure : « Que ferait l'amour s'il était à ma place ? »

Au supermarché, la caissière à qui j'ai tendu un billet de dix euros, distraite par une autre cliente qui lui demande un jeton pour un Caddie, me rend un peu plus de quarante euros. Je réalise aussitôt qu'elle s'est trompée et je me dis que ça tombe bien, par les temps qui courent. Je me dis aussi que, avec tout ce que je laisse comme argent chez cette enseigne, ce n'est pas dommage. Alors cependant que je croise le regard de la jeune smicarde qui devra rendre compte d'une erreur de caisse, et alors que je suis sur le point d'empocher mon gain inattendu, une voix s'interpose et me dit : « Que ferait l'amour s'il était à ma place ? »

Et songez encore. Celui ou celle que vous aimez, votre partenaire, votre enfant, l'un de vos parents, reçoit une proposition de travail mirobolante à l'autre bout du monde où vous ne pourrez pas l'accompagner, proposition qui l'enchante parce qu'elle correspond à son rêve le plus fou. Laisserez-vous cet être cher aller s'épanouir loin de vous ou voudrez-vous le garder pour vous ? Que ferait l'amour s'il était à votre place ?

Être une personne aimante par l'expression de notre vie

L'auteur des *Fondements de la métaphysique des mœurs* avait une autre façon de l'énoncer en proposant d'agir « de telle sorte que tu traites l'humanité aussi bien dans ta personne que dans la personne de tout autre, toujours en même temps comme une fin et jamais simplement comme un moyen[1] ». Et Karl Marx, qu'il n'est guère fréquent de citer lorsqu'il s'agit d'amour, nous invitait à faire de nous-mêmes une personne aimante par « l'expression de [notre] vie[2] ». Vous entendez cela ? Il s'agirait, selon l'auteur du *Capital* – qui était, on a tendance à l'oublier, philosophe avant tout –, il s'agirait, pour chacun, de faire de soi une personne aimante par l'expression de sa vie. Dommage, songerez-vous sans doute, que les tyrans qui se sont réclamés du marxisme et ceux qui s'en réclament encore n'aient pas tout lu de leur idole !

Et, au fait, vous en connaissez beaucoup, vous, des individus dont la vie tout entière révèle qu'ils incarnent l'amour ? Des individus dont les propos, les silences, les attitudes sont autant de manifestations de ce qu'ils sont l'amour ? Des individus comme… vous, au fond ? Vous tel que vous aspirez à être ? Ou l'autre, tel que vous aspirez qu'il soit ? Mais sans oublier, alors, que pour tout autre, l'autre, c'est encore… vous.

Et chacun comprend le dépassement que cela requiert, la détermination qui est nécessaire, l'intransigeance qui

1. Emmanuel Kant, *Fondements de la métaphysique des mœurs*, Vrin, 2000, p. 142.

2. *Nationalökonomie und Philosophie*, 1844, publié in Karl Marx, *Die Frühschriften*, Alfred Kröner, 1953, p. 300-301.

s'impose. Comme quoi l'amour, loin d'être faiblesse, est constante exigence.

C'est l'amour tel que la plupart des êtres humains l'ont appris qui est faiblesse et qui joue les forts. L'amour associé à la violence : « Tu vas voir la volée que tu vas prendre ! », annonce un père à son gamin ; l'amour associé à la peur : « Crains Dieu, dit l'Ecclésiaste, et garde ses commandements. C'est là ce que doit faire tout homme[1] » ; l'amour associé au mensonge : « Si tu n'es pas sage, maman ne t'aimera plus », ose dire une mère à son enfant ; l'amour associé à l'interdit : « Tu peux manger, dit Dieu à sa créature, les fruits de n'importe quel arbre du jardin, sauf de l'arbre de la connaissance du bien et du mal. Le jour où tu en mangeras, tu mourras[2] » ; l'amour associé à la culpabilité : « Si tu me quittes, je me suicide ! », dit l'amoureux désespéré ; l'amour associé à l'appropriation de l'autre : « *Baby you're mine*[3] », disent d'innombrables chansons.

Cet amour-là, en effet, n'est que faiblesse. Il montre les gros bras, mais ce n'est que pour mieux masquer sa déficience. Il utilise la force quand il ignore la sagesse ; il a recours à la peur quand il ne se fait pas confiance ; il se sert du mensonge quand lui-même craint d'être perdu ; il pratique l'interdit quand il ne sait pas où sont les limites ; il manie la culpabilité et la honte quand il n'est, en vérité, rien d'autre que démuni.

1. Ec 12, 15.
2. Gn 2, 16-17.
3. « Chéri(e), tu es à moi. »

L'amour est exigeant

Mais l'amour, celui sans lequel, disait saint Paul, je ne suis rien, celui sans lequel nous ne sommes rien d'autre que de faux-semblants, cet amour-là, parce qu'il n'utilise aucune arme, est d'une formidable exigence.

« L'amour est le contraire de la force [...]. Non plus le manque, la passion ou la convoitise [...], mais la douceur, mais la délicatesse [...], l'amour qui ne manque de rien mais qui n'en est pas pour autant plein de soi ou de sa force (l'amour qui ne manque de rien parce qu'il a renoncé à tout), l'amour qui ne redouble pas l'amour de soi mais le compense ou le dissout, l'amour qui ne conforte pas l'ego mais qui en libère, l'amour désintéressé, l'amour gratuit, le pur amour [...][1]. »

> Je me souviens de cette amie, raconte Nicole, que je fréquentais assidûment lorsque nous étions toutes deux de jeunes mamans. Elle avait du mal à accepter que son mari, un homme au demeurant sensible et raffiné, perde son sang-froid lorsque, par exemple, leur petit garçon, au beau milieu de la nuit, ne voulait pas se rendormir dans son lit à barreaux. Un jour, il s'était emporté au point de bousculer l'enfant et mon amie s'était interposée énergiquement. Non seulement pour lui demander d'arrêter. Non seulement pour protéger son bébé. Non plus, comme c'est souvent le cas dans ce genre de situations, pour ajouter de la violence à la violence. Mais pour exclure la violence à tout jamais. « Je t'aime infiniment, lui avait-elle dit, mais je ne te laisserai pas, une nouvelle fois, toucher à un seul cheveu de notre enfant ! Et s'il faut, pour cela, te quitter

1. André Comte-Sponville, *Petit Traité des grandes vertus*, *op. cit.*, p. 366.

sur-le-champ, j'y suis prête à l'instant ! » Plus jamais, par la suite, ce père ne leva la main ni sur leur fils ni sur aucun des autres enfants qui naquirent dans cette famille.

L'amour dit toujours « oui », dit notre ami Neale Donald Walsch[1]. Mais il dit « non » aussi. Il dit « oui », un grand « oui », à ce qui est et qui ne peut être autrement. Il ne dit pas « oui » à n'importe quoi et n'importe comment qui le rendrait laxiste et complaisant. Il dit « oui » à ce qui est présent parce que tout présent est un cadeau. C'est toute sa force. Toute sa grandeur. Toute sa sagesse. Mais il dit « non », absolument « non », à toute tentative de destruction de l'autre ou de soi, à toute entreprise de diminution de l'autre ou de soi et à toute limitation du domaine des possibles. Il dit « non » par amour, pour l'amour, au nom de l'amour. Pas un « non » qui blesse. Pas un « non » qui s'en prend à l'autre. Pas un « non » qui attaque et, en ce sens, bien sûr, nous sommes d'accord avec Neale. Non. Un « non » qui vient tellement du fond du cœur que rien n'y peut résister. Un « non » si pur qu'il s'impose absolument. Un « non » si puissant que tout est transformé.

Non seulement l'amour est exigeant, mais les moyens qu'il se donne pour parvenir à ses fins sont tout autres que ceux qui furent mis entre nos mains.

Aimer sans posséder

Il est même tellement exigeant qu'il va jusqu'à nous imposer de laisser l'autre s'en aller, si son chemin est

---

1. Auteur, entre autres ouvrages, du *best-seller Conversations With God* (en français « Conversations avec Dieu », Ariane, 1999 et J'ai lu, 2003).

ailleurs. Et cela est d'autant plus difficile pour la plupart d'entre nous que c'est à l'autre école que nous avons été formés. Celle où l'on retient l'autre. Celle où l'on veut le garder pour soi, à soi, avec soi. Celle où, sous prétexte d'amour, on dépend de l'autre pour être heureux, et celle où, sous semblable prétexte, c'est sur soi que l'on pleure.

> « *Je veux t'aimer sans te posséder,*
> *T'apprécier sans te juger,*
> *Être avec toi sans t'envahir,*
> *Te demander sans t'imposer,*
> *Te quitter sans culpabilité,*
> *Te critiquer sans te blâmer,*
> *T'aider sans te restreindre !*
> *Et si tu veux m'aimer de la même façon, alors nous pourrons vraiment nous rencontrer et nous enrichir l'un l'autre*[1]. »
>
> Virginia Satir

Dieu sait pourtant qu'il est difficile de laisser partir l'autre quand on l'aime plus que tout au monde !

J'avais un attachement tout particulier à mon père – c'est Nicole qui témoigne –, et pendant très longtemps, j'ai pensé que sa mort serait une catastrophe à laquelle j'aurais infiniment de mal à survivre.

Après plusieurs hospitalisations, il fit un accident cardiaque dont il ne devait pas se relever. Et quand, quelques semaines plus tard, il expira, le pire que j'avais tant de fois redouté ne se produisit pas, bien au contraire.

Il faut dire que nous avions, Jacques et moi, créé quelques années plus tôt un cercle d'études et de

---

1. Virginia Satir, *Foundational Ideas*, édité par Barbara Jo Brothers, p. 25 (traduction libre de Jacques Schecroun).

recherches sur la fin de la vie. Cela nous avait permis de travailler intensément sur l'accompagnement des mourants pour nous rendre compte qu'en définitive, ce n'était guère différent de l'accompagnement des vivants de l'illusion à la réalité, de l'irréel au réel, du connu à l'inconnu.

À cette même époque, j'avais eu l'expérience de proximité de la mort dont j'ai déjà parlé[1], au cours de laquelle étant, comme dans un songe, sortie de mon corps, j'avais eu le sentiment d'une indicible unité avec l'Univers au sein duquel l'amour régnait de toute sa beauté.

Dans cet état, nul n'était venu me proposer de revenir dans mon corps ou de demeurer dans la lumière ; j'avais été face à moi-même avec l'immense responsabilité de pouvoir dire, de nouveau, oui ou non à la vie sur terre. J'avais eu conscience de la difficulté de ce choix, puisqu'il s'agissait de quitter un océan d'amour pour retrouver l'apparente dualité de la matière et de l'esprit. J'avais finalement opté pour continuer à exprimer et à partager qui je suis dans mon corps physique.

J'étais revenue de cette expérience intime avec la certitude que la mort n'existe pas, qu'elle n'est qu'un changement d'état et que toutes les images que l'on peut avoir lors du fameux passage ne sont guère que des projections de l'ego.

Lorsque mon père fut placé en réanimation, tous ses proches se précipitèrent à l'hôpital, et lorsque, en fin d'après-midi, ils durent partir, il leur dit à chacun, l'un après l'autre, un « au revoir » qui se distinguait de tous ceux qu'il avait pu dire jusque-là. L'au revoir de ce soir-là avait un incontestable goût d'adieu.

Aussitôt après, il est tombé dans le coma. À partir de ce moment-là, ma mère, mes sœurs et moi nous sommes relayées à son chevet et ne l'avons plus quitté jusqu'à,

1. Voir page 41.

quasiment, l'avant-dernière minute. Pendant trois jours et deux nuits, nous sommes restées auprès de lui et nous l'avons accompagné.

Lui caressant le front, je lui parlais tendrement à l'oreille ; j'étais sûre qu'il m'entendait et je percevais le moindre rictus, le moindre mouvement de paupières, le moindre froncement de rides comme autant de signes qu'il me recevait cinq sur cinq.

Ce que je lui disais n'avait rien à voir avec les propos que tiennent la plupart des familles dans de semblables circonstances. Je ne le suppliais pas de rester, je ne lui mentais pas en l'assurant qu'il allait s'en sortir, qu'il devait tenir bon, je lui parlais tranquillement de la mort qui n'était pas un drame, mais un simple passage, lui racontais ce que j'avais vu quand je l'avais moi-même frôlée et je lui souhaitais de faire un merveilleux voyage en emportant immensément d'amour. Et de la même façon qu'il m'avait pris la main pour m'aider à faire mes premiers pas quand j'étais bébé, je lui prenais la sienne pour l'accompagner jusqu'aux portes de l'au-delà.

Je crois bien que tout l'amour du monde était là, dans cette pièce, antichambre de la mort que l'on appelle curieusement « salle de réanimation » – à moins que ce nom ne soit une invitation à recontacter notre « *anima* », c'est-à-dire notre âme.

Alors qu'au premier soir nous essayions de nous reposer un peu malgré l'inconfort pour les visiteurs de cette minuscule chambre d'hôpital, notre attention fut ravivée par des paroles qui semblaient sortir de sa bouche. « Il parle ? Avons-nous bien entendu ? Il essaie de dire quelque chose ! » Nous nous sommes rapprochées le plus possible pour distinguer au mieux les mots qu'il prononçait à peine. « Arrêtez, disait-il, arrêtez, c'est horrible, arrêtez ça. – Quoi, papa ? lui demandai-je. Que veux-tu qu'on arrête ? » Il était très agité et répétait sans cesse les mêmes paroles pendant que j'insistais : « Dis-nous, dis-nous ce que tu veux qu'on arrête. – Arrêtez le film, dit-il alors, arrêtez-le, il est affreux, arrêtez les monstres, arrêtez ! » Je compris immédiatement ce qui se passait.

Avant qu'il ne soit hospitalisé, j'avais beaucoup parlé avec lui de choses et d'autres, mais aussi de la vie, de la mort et de la culpabilité qui le hantait, au soir de sa vie, pour les erreurs qu'il se reprochait d'avoir commises. J'avais mis infiniment d'énergie à lui répéter qu'il n'était coupable de rien et que ce qu'il appelait des erreurs était autant d'expériences qui l'avaient fait grandir et évoluer ; je n'avais cessé, aussi, de lui dire combien je l'aimais inconditionnellement quoi qu'il ait fait et quoi qu'il n'ait pas fait. N'empêche que, à l'heure ultime, les fautes qu'il croyait devoir se reprocher revenaient sous la forme de monstres horribles projetés en exclusivité dans la salle obscure de son inconscient. Arrêter les projections de monstres, c'était en finir avec cette culpabilité qui l'empêchait de partir en paix.

« Papa, papa chéri, lui dis-je, il n'y a pas de monstres ; rappelle-toi, tu n'es coupable de rien ! Entends-moi bien, papa ; il n'y a que les monstres que tu imagines ; rien ni personne ne va te juger ; rien ni personne ne va te faire de mal ; efface les monstres que tu projettes, papa, efface-les, tu le peux, papa, tu le peux ! » Et comme il s'apaisait un peu, je lui murmurai : « Voilà, crée d'autres images, voilà, calme-toi, maintenant, tout va bien ! Tout va bien ! » Et il se calma tout à fait.

La nuit passa dans un silence relatif ponctué du ronflement des machines et du goutte-à-goutte des perfusions, suivie d'une journée rythmée par les visites des médecins et les tournées des infirmières.

Au second soir, alors qu'il n'avait plus redit le moindre mot et que tout donnait à penser qu'il n'en dirait plus aucun, mon père nous surprit de nouveau en se remettant à parler : « Donnez-moi le livre, réclama-t-il. Où est le livre ? Donnez-le-moi, donnez-le-moi ! » Aussitôt, je lui répondis : « Mais tu l'as, papa, le livre, tu l'as, tu le mérites, il est à toi. »

Comme la veille, mes paroles venues du plus profond de mon cœur le rassérénèrent et il ne dit plus rien jusqu'au lendemain où il devait nous étonner encore et, cette fois, plus que jamais.

Cette nuit-là, Jacques, qui ne m'avait pas quittée un instant, aurait bien aimé que nous rentrions chez nous dormir quelques heures, mais mon intuition me commanda de rester, et bien m'en prit. Pour rien au monde, en effet, je n'aurais voulu rater ce qui allait se passer ensuite, car ce fut l'un des plus précieux cadeaux que la vie m'ait faits, alors que j'avais toujours pensé que ce moment serait le pire de mon existence. Mon père, au petit matin, dit quelques mots qui resteraient à jamais dans nos mémoires. Il prononça distinctement : « On m'a donné le livre ! On m'a donné le livre ! » Il répéta : « On m'a donné le livre, et je l'ai signé ! »

Ce furent ses dernières paroles.

Il avait lu le livre de sa vie. Il en avait revu les différents chapitres et, finalement, acceptant tout ce qui avait été, il l'avait signé.

En fin de matinée, nous décidâmes, cette fois, de faire un saut à la maison. C'est à ce moment-là qu'il s'en est allé, attendant sans doute d'être seul pour rejoindre les étoiles.

Au cimetière, je me suis surprise à ne pas verser une larme. Alors que, pendant des années, j'avais été certaine de ne pas survivre au décès de mon père, je savais maintenant que l'amour me reliait à lui éternellement. Je savais que, au-delà des apparences qui l'avaient fait se battre contre la maladie, son plus cher désir était d'en finir. Et, surtout, j'avais la certitude que, après tout ce qui s'était passé pendant son coma, il reposait en paix, ce qui n'était pas qu'une formule.

Pendant les quarante jours qui suivirent, je lui ai parlé tous les soirs, en lui allumant une bougie sur le buffet de notre salle à manger. Je voulais demeurer en lien avec lui par la pensée d'amour. Je continuais, au-delà de la mort même, l'accompagnement que j'avais entrepris quand ses jours avaient commencé à être comptés. Je lui racontais ma journée, lui donnais des nouvelles de ma mère et de mes sœurs qui avaient beaucoup plus de mal que moi à encaisser le coup et, par-dessus tout, je lui disais tout mon amour.

Le quarante et unième jour, je vins à mon autel improvisé pour rallumer le bougeoir. Il n'était plus là. La femme de ménage était sans doute passée par là. Mais pas seulement. Mon père, cette fois, était tout à fait parti. Sinon qu'il vit à jamais dans le cœur de tous ceux qui l'aimaient, auxquels il a fait, en même temps qu'à lui-même, l'immense cadeau de signer le livre de sa vie. Sa vie qui, en choisissant de quitter son corps, avait voulu le meilleur pour lui. Sa vie que je n'aurais jamais imaginé pouvoir laisser s'en aller. Et comme je l'ai laissé partir, je ne l'ai pas perdu. Du coup, je me suis épargné la souffrance tant redoutée de la séparation. En me permettant de ne pas retenir cet homme si cher à mon cœur, la vie avait voulu, j'en suis convaincue, le meilleur pour moi aussi. Elle m'a dévoilé un peu plus ce que l'amour est vraiment.

L'amour est force

L'amour est donc force. Ses détracteurs, pourtant, ceux qui n'y croient pas, ceux qui ont reçu l'amour de façon si conditionnelle qu'ils ont du mal à l'envisager autrement, considèrent souvent qu'il est une faiblesse dont l'autre ne manquera pas de tirer profit. Mais cette faiblesse n'est-elle pas le jugement qu'ils portent sur une façon d'être qu'ils n'ont pas apprise ? « Tu seras aimé, disait Pavese, le jour où tu pourras montrer ta faiblesse sans que l'autre s'en serve pour affirmer sa force[1]. »

En vérité, les détracteurs de l'amour, ceux qui le décrient, ceux qui se moquent, révèlent de l'amour son autre versant : la peur.

1. Cesare Pavese, *Journal intime*, in *Œuvres*, Gallimard, coll. « Quarto », 2008.

2

La peur de l'amour

Longtemps, j'ai eu peur de l'amour – c'est Jacques qui témoigne ici. J'en ai eu peur, évidemment, puisque cet amour qu'on me montrait, on pouvait d'un instant à l'autre m'en déposséder. J'en ai eu peur, puisque cet amour qu'on me manifestait, on pouvait brusquement me le refuser. On m'aimait si je travaillais bien à l'école, si j'étais poli, si je ne mettais pas mes doigts dans mon nez, si je faisais au pot, si j'arrêtais de bouder, si je mangeais ma soupe, et si, et si, et si et encore si. On m'aimait, non en fonction de qui j'étais, mais en fonction de ce que je faisais ou que je ne faisais pas. Et je suis tombé dans le panneau ! Et j'ai cru que c'était vrai ! J'ai cru que l'amour, on pouvait me le retirer. J'ai cru que l'amour, on pouvait me l'enlever. Et j'ai eu peur, tellement peur de l'amour ! Une peur si insupportable que je l'ai refoulée au plus profond de moi.

Peur d'aimer, moi ? Vous n'y pensez pas ! Peur d'être aimé, moi ? Mais vous plaisantez ! Et je me suis si bien débrouillé que, pendant longtemps, nul ne s'en est vraiment rendu compte, pas même moi qui ai trouvé à ma peur mille et une autres raisons d'être, toutes plus avouables que celle-là.

Il faut dire que ma mère et ma grand-mère m'avaient donné un sérieux coup de pouce à cet égard. Elles avaient peur de tout. Que je me baigne avant la fin de la digestion, que je prenne l'autobus, que j'attrape froid, que je parte à vélo, que j'aille en colonie de vacances, etc. Tout était bon pour avoir peur. Tout était danger. Mais parce qu'on voulait me protéger du risque de noyade, j'étais le petit garçon qui, sur la plage, restait collé à ses parents, pendant que les enfants de mon âge s'éclaboussaient en riant au contact des premières vagues ; parce qu'on voulait me protéger du soleil, j'étais celui qui demeurait sous le parasol, pendant que les autres s'en donnaient à cœur joie sur le sable ; parce qu'on avait peur d'un accident, j'étais celui qui ne sortait pas de la maison quand mes camarades de classe étaient partis en autocar à la mer ou à la montagne ; et parce qu'on avait peur pour ma santé, j'allais à l'école engoncé dans un manteau et un cache-nez quand mes petits copains étaient bras nus.

Et comme il y avait quelque chose qui, manifestement, ne collait pas, comme la démesure était éclatante et l'exagération à son comble, j'ai forcément voulu vérifier que le ciel n'allait pas me tomber sur la tête si je m'avisais de lever le petit doigt. Et c'est ce que j'ai fait, en me créant des petites peurs, juste pour voir ; puis de plus grandes, juste pour voir encore ; et de beaucoup plus grandes, encore pour voir ; et de gigantesques, de terrifiantes, d'effroyables peurs, juste pour vérifier que, bien sûr, on m'avait raconté des balivernes.

Oui, peurs, j'ose le dire, je vous recherchais. Inconsciemment, mais certainement ; j'en ai, au cours du temps et à force d'exploration du plus profond de moi, acquis l'intime certitude. Vous étiez, de loin sans doute, la préférée de toutes mes émotions. Non seulement vous réussissiez admirablement à vous substituer à ma peur de l'amour, mais, en plus, vous parveniez à remplir ma vie. N'est-ce pas d'ailleurs ce à quoi servent les émotions : à remplir la vie ? Et n'est-ce pas parce qu'elles ont cette fonction que chacun se crée des occasions de les vivre ?

C'est parce qu'on aime qu'on a peur

La plupart des êtres humains, vous l'aurez remarqué, évoquent volontiers leurs peurs. Ils avouent craindre les araignées, avoir peur de l'avenir, peur du chômage, peur de manquer, peur de se garer en sous-sol, peur de prendre l'avion, peur d'être attaqués, peur de tomber malades, peur pour leurs enfants, peur pour leurs parents, peur de Dieu sait quoi et peur, évidemment, de mourir. Mais toutes ces peurs, que nous avons tant pour nous-mêmes que pour ceux auxquels nous tenons, ne sont-elles pas, au fond, une manifestation de notre amour ?

> Quand ma mère et ma grand-mère avaient peur pour moi – c'est Jacques qui intervient de nouveau –, c'est, pour sûr, qu'elles m'aimaient. Si je n'avais pas compté pour elles, que leur aurait importé que je m'enrhume ou que je me noie ?
>
> Quand mes parents, en effet – c'est Nicole qui prend le relais –, avaient eu peur de nos fréquentations, à mes sœurs et à moi, quand ils craignaient qu'au lycée ou alentour nous ne touchions à la drogue, quand ils redoutaient que nous ne réussissions pas, n'était-ce pas parce qu'ils nous aimaient ? Si nous n'avions pas été chers à leur cœur, que leur aurait importé que nous filions un mauvais coton ? Et qu'auraient-ils eu à faire de nos échecs ?

De la même façon, lorsque nous avons peur, les uns et les autres, du résultat des analyses de sang que nous avons confiées à un laboratoire de biologie médicale, n'est-ce pas parce que nous aimons ce corps qui est le nôtre ? Et quand nous avons peur que notre avion ne s'écrase, n'est-ce pas parce que nous aimons la vie ? Et quand nous avons peur d'être abandonnés ou peur de recevoir, n'est-ce pas parce que nous nous aimons ?

> Enfant, – c'est Jacques qui partage cela – j'avais beaucoup de mal à recevoir. J'y étais même si peu habitué que, le jour où un camarade m'offrit, au collège, un livre pour mes quatorze ans, je me suis trouvé stupide à ne pas savoir quoi faire, à ne pas savoir accepter, à ne pas savoir remercier. C'était la première fois de ma vie que quelqu'un d'extérieur à ma famille m'offrait un cadeau. Mais au lieu d'être enchanté de recevoir *L'Île au trésor*, je ressentis un grand trouble en moi. J'étais déchiré entre mon désir de me laisser toucher par l'attention spontanée de mon condisciple et ma terreur qu'il y eût quelque chose derrière. Qu'est-ce que cela cachait ? Qu'est-ce qui m'attendait au tournant ? Qu'allais-je devoir payer en retour ? Je n'imaginais pas que le geste de cet élève de ma classe puisse être gratuit. Je ne concevais pas qu'il ne sous-tende pas un piège. Je ne savais pas comment, ni où, ni quand, mais, à en croire mes expériences passées, il y aurait sûrement un effet boomerang !

On l'a compris, la peur est là, en nous. Elle est quelque part un héritage de notre passage par le règne animal, puisque, disait Jean-Émile Charon, « nous avons tous vécu quinze milliards d'années[1] ». Elle est, par conséquent, héritage de notre peuple, de nos aïeux et, bien sûr, de nos parents. D'où qu'elle vienne, en fait, elle est là, et nous nous comportons à son égard comme nous le ferions en présence d'un chat perdu qui viendrait à notre porte, un chat que nous tenterions d'éconduire et qui, à force d'insister, obtiendrait de nous une caresse et un bol de lait, lesquels nous vaudraient de ne plus pouvoir nous en séparer. Nous nourrissons la peur et c'est ainsi qu'elle s'attache à nous. Car c'est bien nous qui la nourrissons, nous, et personne d'autre.

---

1. Jean-Émile Charon, *J'ai vécu quinze milliards d'années*, Albin Michel, 1999.

Exercice

Portez votre attention sur les heures que vous venez de vivre.

Par exemple, depuis hier, même heure. De quoi avez-vous eu peur ? Ou plutôt, sur quoi a porté votre peur au cours de ces dernières vingt-quatre heures ?

Et imaginez que votre peur vous parle maintenant et qu'elle vous remercie de lui avoir donné du grain à moudre. Que ressentez-vous ?

Portez maintenant votre attention sur les personnes que vous avez côtoyées, à la maison, dans la rue, au travail. Il en est bien quelques-unes qui ont manifesté une peur ? Sur quoi leurs peurs ont-elles porté ?

Et imaginez que la peur prenne la parole pour les remercier de tant de sollicitude à son égard. Que ressentez-vous ?

Finalement, portez votre attention sur les nouvelles que vous avez entendues à la radio ou à la télévision, les reportages qui ont été diffusés, les interviews que vous avez lus ou écoutés ; sur quoi portaient les peurs dont il a été question ?

Et imaginez, de nouveau, que la peur intervienne et rende grâce à ces médias pour la place qui lui fut réservée. Que ressentez-vous ?

Beaucoup de nos peurs sont infondées

N'est-ce pas qu'en vérité la plupart de nos peurs sont infondées ? Que ferait le chat si vous ne le nourrissiez ni de caresses, ni de lait, ni de rien ? Il finirait par se lasser et s'en irait voir ailleurs. Que ferait votre sentiment de peur si, de même, vous ne l'alimentiez pas ? Semblablement, il se lasserait et, faute pour lui de pouvoir vous quitter, puisqu'il est en vous, il se réserverait pour les cas de vrais dangers où son intervention serait des plus utiles. « Il est bien peu de monstres qui méritent la peur que nous en avons[1] », écrivait André Gide.

Et voyez, d'ailleurs, comment nous entretenons la peur lorsqu'il s'agit de notre sécurité. Songez, ici, aux discours sécuritaires des politiques qui savent si bien manier la peur à des fins électorales. Mais savez-vous dans quelle proportion a chuté le nombre de crimes de sang commis en France depuis le règne d'Henri IV ? Non, bien sûr – cela n'a jamais fait la une du 20 heures ! Eh bien ce nombre a été, non pas multiplié, mais divisé par 100. Quand on sait que, dans le même temps, la population a été multipliée par 3, il en résulte que cette criminalité a été divisée par 300[2]. Imaginez-vous donc ! Malgré tout ce qu'on peut nous dire et tout ce que nous colportons nous-mêmes, il y a, de nos jours, 300 fois moins de risques de se faire détrousser et occire au coin d'une rue qu'il n'y en avait au temps de Montaigne !

Le problème qui se pose donc, c'est qu'en voulant, inconsciemment bien sûr, donner des raisons d'être à ce sentiment de peur qui nous habite, nous créons, nous-mêmes, toutes sortes de dangers.

1. André Gide, *Les Nouvelles Nourritures terrestres*, *op. cit.*, p. 228.
2. Robert Muchembled, *Histoire de la violence*, Le Seuil, 2008.

Et si, malgré les apparences, tout était amour ?

Je me souviens, rapporte Nicole, d'un séminaire que nous animions, Jacques et moi, durant lequel, à la stupéfaction de tout l'auditoire, une jeune femme raconta combien sa mère avait vécu dans la peur. Quand elle avait mal quelque part, elle redoutait un cancer ; quand l'orage grondait, c'était la fin du monde ; et quand toute la famille partait en vacances, elle craignait le pire sur la route. C'était à tel point que, avant de quitter la maison, il fallait tout y laisser en parfait état de propreté au cas où il arriverait quelque chose et où, disait-elle, on devrait rapatrier les corps à la maison. Elle avait peur de ce que diraient les gens si, à cette occasion, le désordre régnait chez elle ! Il fallait même, la veille du départ, ajouta notre participante, dormir dans des sacs de couchage pour ne pas laisser des draps sales dans les lits !

Et le plus incroyable de l'histoire, conclut-elle alors, c'est que sa mère s'est tuée dans… un accident de voiture !

Ce qu'ils en disent

Boileau : « Souvent la peur d'un mal nous conduit dans un pire[1]. »

Stephen King : « Plains ceux qui ont peur car ils créent leurs propres terreurs[2]. »

Sénèque : « Que de fois nous mourons de notre peur de mourir[3] ! »

1. Nicolas Boileau, *Art poétique*, chap. 1, 1674.
2. Stephen King, *La Ligne verte*, J'ai lu, 2000.
3. Sénèque, *La Tranquillité de l'âme*.

Faire confiance

Force est de constater, hélas ! que la peur est associée à l'éducation. Non seulement nous sommes venus au monde avec elle, dans nos gènes, mais en outre elle a été largement utilisée pour nous apprendre à vivre. Même Dieu, tel du moins que les religions le représentent, c'est-à-dire tel qu'à notre sens il ne saurait être, même Dieu s'en est servi abondamment. Au lieu de vouloir Ses créatures guidées par l'amour, Il a souvent choisi qu'elles le soient par la crainte du châtiment. Au lieu de mettre des limites qu'elles pourraient comprendre, Il a posé des interdits qu'elles voudraient forcément briser. Au lieu d'aimer les hommes inconditionnellement, Il est allé jusqu'à les bannir et à leur infliger de souffrir jusqu'à la fin des temps. Au lieu de leur faire confiance, Il les a terrorisés. Il est vrai que la peur sert toujours à garder l'autre en son pouvoir.

Comment s'étonner que des générations de parents qui ont succédé à d'autres générations aient procédé et procèdent encore de la même façon ?

Comment s'étonner que des générations de professeurs qui ont succédé à d'autres générations aient procédé et procèdent aussi de la même manière ?

> Je me souviens – c'est Jacques qui évoque cet épisode – du jour où notre fils est entré en terminale dans un nouveau lycée où il avait choisi d'aller, de lui-même, pour augmenter ses chances de réussite. De retour à la maison, il nous a raconté que le proviseur avait accueilli dans l'amphithéâtre tous les élèves de sa promotion et il avait envisagé ce qu'ils feraient quand ils auraient leur bac. « Vous vous

rendez compte ? s'est étonné Laurent, il ne nous a pas dit, comme tous les profs qui nous rebattent les oreilles avec cela depuis des années : "Si vous avez votre bac...", il nous a dit : "Quand vous aurez votre bac..." ! » Il était clair, en effet, qu'en ne laissant pas de place au doute et en ne jouant pas avec la peur, ce chef d'établissement savait doper ses lycéens.

Il s'agit donc de faire confiance. « La confiance, disait Henry de Montherlant, est une des possibilités divines de l'homme[1]. » Il s'agit de se faire confiance, il s'agit de faire confiance à ses gamins, de faire confiance à son partenaire, de faire confiance à l'autre, de faire confiance à la vie. Non point d'une manière sotte qui suscite les plaisanteries du café du commerce, mais sagement. Imaginez que Dieu vous ait fait confiance, au lieu de vous traiter de la façon dont Il le fit supposément avec Adam, en déposant auprès de lui un jouet merveilleux tout en lui interdisant d'y toucher sous peine d'être sévèrement puni ! Imaginez – puisqu'il est dit, dans le même chapitre de la Genèse, « vous serez comme des dieux[2] » – qu'Il vous ait traité d'égal à égal et que, même, Il ait conclu, comme Il le fit avec Noé, d'abord, et avec Abraham, ensuite, une alliance avec vous ? Imaginez que vos parents, au lieu d'avoir eu peur pour vous, aient eu confiance en vous. Imaginez qu'ils vous aient appris le discernement. Imaginez encore qu'ils vous aient transmis qu'il n'y a pas d'échecs, mais seulement des expériences. Imaginez qu'ils vous aient enseigné que l'erreur est illusoire pour qui sait grandir avec elle ? Mesurez-vous la différence dans l'énergie ?

1. Henry de Montherlant, *Service inutile*, Gallimard, coll. « Folio essais », 2005.

2. Gn 3, 1-6.

Mesurez-vous la différence de vibration au niveau des mots ? Mesurez-vous combien la peur était plombante, quand la confiance en vous aurait été un atout incomparable ?

Voici quelques années – c'est Nicole qui se souvient –, nous étions en Argentine pour le Congrès mondial de psychothérapie qui se tenait à Buenos Aires. Nous en avons profité pour faire un saut à Rio de Janeiro rendre visite à l'un de mes collègues qui s'y était installé. Celui-ci nous a alors fait visiter Paraty et, dans cette charmante petite ville portuaire, nous avons embarqué à bord d'un voilier pour touristes. C'était une façon agréable de découvrir les côtes brésiliennes. Dès que nous fûmes à bord, avec une cinquantaine d'autres passagers, notre attention fut attirée par une petite fille de cinq ans qui allait, venait, courait, sautait et escaladait tout à son aise. Cette gamine respirait la joie de vivre. Malgré le fait qu'on fût sur un bateau, ses parents la laissaient s'en donner à cœur joie. Lorsque le navire mouillait au large pour que ses passagers puissent aller nager avec les poissons multicolores, cette enfant était la première à plonger dans les eaux transparentes. Avec une agilité incroyable, elle remontait à bord pour y chercher une fois ses palmes, une autre fois ses lunettes, une autre fois encore pour dire un mot à ses parents, et hop ! de nouveau, elle se jetait à l'eau. En fin d'après-midi, lors d'une escale sur une île, nous avons rencontré la grand-mère de cette fillette qui marchait sur la plage. Nous avons échangé quelques mots et nous lui avons fait part de notre émerveillement de voir sa petite-fille jouir d'une telle liberté et être aussi épanouie. La vieille dame d'au moins quatre-vingts ans me dit alors, en soupirant : « Ah ! si seulement on m'avait fait ainsi confiance à moi aussi lorsque j'étais enfant, ma vie aurait été tellement différente ! »

Exercice

Qu'aurait été ma vie si l'on m'avait fait confiance au lieu de me faire peur ?

Le fait est que, plus on fait confiance à un enfant, plus ses capacités de discernement augmentent et, inversement, moins on lui fait confiance, moins elles sont mises en œuvre. C'est comme un muscle. Exactement comme un muscle. Moins il est sollicité, plus il devient inactif.

Mais si donc nous avons baigné dans la peur, si elle a guidé notre éducation, si elle a freiné nos élans, si elle a restreint notre horizon, c'est donc que nous avons été maltraités ? De prime abord, les choses peuvent être vues ainsi. Sauf à considérer que l'expérience que nous avons faite, non pas tant de la peur, d'ailleurs, que de notre capacité à l'alimenter, est précisément ce qui nous a fait souffrir à l'excès et nous a conduit à choisir de ne plus l'entretenir. C'est donc bien, de nouveau, que la vie a voulu le meilleur pour nous.

Sans doute alors la vie a-t-elle, de même, voulu qu'il nous soit permis de comprendre ces mécanismes et, partant, de comprendre aussi ce qui fait – c'est le point dont nous sommes partis – que certains ont peur de l'amour. Et le paradoxe, nous l'avons vu, est qu'ils ont même peur par amour !

Est-ce à dire, si l'amour est jusque dans la peur, qu'il est partout ?

3

Tout est amour

L'amour est partout ? Tout est amour ? Beaucoup affirmeront qu'il n'en est rien et, pour l'établir, que les « exemples criants que l'expérience nous présente dans les actions des hommes[1] » sont innombrables. Ils le proclameront d'autant plus volontiers que, depuis que Kant a écrit ces mots, il y a eu le XXe siècle et, avec lui, l'inimaginable démonstration de l'horreur absolue dont les hommes ont été capables. Ils l'assureront d'autant plus qu'il y a aussi, en ce premier quart du XXIe siècle, l'impensable 11 Septembre, le génocide aux confins du Soudan, les attentats du 13 novembre 2015, Daech, l'internement dans des camps des Ouïghours, la guerre en Ukraine, la répression des manifestations en Iran et les condamnations à mort qui ont suivi, le massacre du 7 octobre 2023 avec les conséquences dramatiques qu'il a entraînées pour les uns et les autres, etc.

Et ils n'auront pas tort, sans doute, du point de vue où ils se placent, celui que nous avons tous tendance à adopter, surtout dans l'épreuve, sans considérer qu'il y en a peut-être un autre.

1. Emmanuel Kant, *La Religion dans les limites de la raison*, 1794.

C'EST PAR AMOUR QU'ON EST VIOLENT

N'avez-vous jamais songé, que celui qui tue autant que celui se tue le fait par amour ? N'est-ce pas parce qu'il s'aime qu'il met fin ou tente de mettre fin à ses souffrances ? Que lui importerait d'abolir la souffrance s'il ne s'aimait pas ? Que lui importerait de s'en libérer ? Et que lui importerait aussi d'espérer que la mort, la sienne ou celle d'un autre, l'en soulagera ? Pascal l'avait bien vu qui écrivait : « Tous les hommes recherchent d'être heureux. Cela est sans exception [...] Ils tendent tous à ce but. [...] C'est le motif de toutes les actions de tous les hommes, jusqu'à ceux qui vont se pendre[1]. »

Et avez-vous jamais songé aussi (vous allez dire que non, bien sûr, car cela semble absolument inconcevable) que celui qui tue le fait par amour, que celui qui viole le fait par amour, que celui qui détruit le fait aussi par amour ? Impensable, en effet ! Impensable, il est vrai ! Mais celui qui agresse l'autre, celui qui incendie des voitures, celui qui vandalise mobilier et Abribus fait-il autre chose que de chercher à guérir sa propre souffrance ? Et s'il veut la guérir, c'est donc qu'il s'aime. Sinon, pourquoi le voudrait-il ? Et s'il veut la guérir par la violence, n'est-ce pas seulement parce qu'il ignore les autres moyens ?

Certes, nous avons du mal à l'admettre. Un mal d'autant plus grand que nous plaçons la violence en dehors de nous. Nous envisageons le cas des grands criminels de l'Histoire, le cas des criminels qui ont fait ou font l'actualité, ou celui des tueurs qui ont pu, c'est plus rare,

1. Pascal, *Pensées*, fragment 148.

croisé leur chemin. Nous pensons, tous deux, ici, à l'une de nos amies, elle-même auteur et psychothérapeute[1], dont le mari a été assassiné par un voleur dans la pièce voisine de la chambre où elle dormait. Mais le mieux, semble-t-il, pour comprendre que toute violence tend à panser une blessure, est sans doute de considérer notre propre personne à cet égard. Non pas l'autre, en effet, le méchant, l'ignoble, l'infâme, mais nous-mêmes. Juste nous. Car nous avons tous eu, à un moment ou à un autre, des réactions de violence. Tous sans exception. Même les plus gentils d'entre nous ont de la violence en eux. Le trop de gentillesse est même, souvent, le signe d'une violence refoulée et camouflée, mais bien présente, comme le montre Thomas d'Ansembourg dans son livre *Cessez d'être gentil, soyez vrai !*[2] Tous, disions-nous, y compris les plus sages ; et Jésus, pour ne citer que lui, ne fait pas exception.

> « Il trouva dans le temple les vendeurs de bœufs, de brebis et de pigeons, et les changeurs assis. Ayant fait un fouet avec des cordes, il les chassa tous du temple, ainsi que les brebis et les bœufs ; il dispersa la monnaie des changeurs, et renversa les tables[3]." »

Allant plus loin, on peut relever que même Dieu, du moins tel qu'Il apparaît dans la Bible, manifeste une violence des plus destructrices.

> « Alors l'Éternel fit tomber sur Sodome et sur Gomorrhe une pluie de soufre et de feu ; ce fut l'Éternel lui-même

1. Il s'agit de Marie Lise Labonté, qui le raconte d'ailleurs dans son livre *Le Point de rupture*, Albin Michel, 2009.
2. Thomas d'Ansembourg, *Cessez d'être gentil, soyez vrai !*, éditions de l'Homme, 2004.
3. Jn 2, 14.

qui envoya du ciel ce fléau. Il détruisit ces villes et toute la plaine, et tous les habitants de ces villes. [...] Abraham se leva de bon matin et se rendit à l'endroit où il s'était tenu en présence de l'Éternel. De là, il tourna ses regards du côté de Sodome et de Gomorrhe et vers toute l'étendue de la plaine ; et il vit monter de la terre une fumée, semblable à la fumée d'une fournaise[1]. »

Transmuer la haine en amour

Cette violence, la nôtre, en tout état de cause, il importe sans doute de la regarder en face et d'observer qu'elle nous sert, quand bien même elle n'est que légère, quand bien même elle ne tue pas, quand bien même elle ne viole pas, à panser de vieilles, de très vieilles blessures.

J'ai un ami – c'est Jacques qui relate cette histoire – avec lequel je déjeunais de temps à autre. Un jour, au cours d'un de ces repas, il me raconta qu'il était allé une nouvelle fois rendre visite à ses beaux-parents avec sa femme. Sur le chemin du retour, il dit à sa jeune épouse, non sans s'emporter quelque peu, qu'il n'en pouvait plus de devoir, chaque fin de semaine, perdre son temps à un déjeuner dominical qui n'en finissait pas et où on redisait toujours les mêmes choses sans intérêt. À ce moment-là, alors qu'ils circulaient sur l'autoroute, un automobiliste s'avisa de déboîter et de les doubler sur la droite. Mon ami proféra alors des grossièretés à son endroit et il actionna furieusement la manette codes-phares. L'autre eut alors une réaction encore plus violente puisqu'il ne trouva rien de mieux à faire que de piler tout net, en pleine voie, juste devant lui. Mon camarade a alors lui-même appuyé de toutes ses forces sur la pédale

1. Gn 19, 24 et sqq.

de freins pour l'éviter, obligeant les autres conducteurs qui arrivaient derrière à faire de même. Il réussit à s'arrêter, me rapporta-t-il, à un millimètre du pare-chocs du véhicule qui lui avait fait une queue-de-poisson, mais les trois ou quatre voitures qui suivaient n'eurent pas la même chance ; elles firent plusieurs tonneaux pour finir enchevêtrées les unes dans les autres. Par miracle, il n'y eut aucun blessé, là il aurait pu y avoir plusieurs morts. Comme il voyait un thérapeute et qu'il savait que je m'intéressais à ces choses-là, il me confia ce dont il s'était rendu compte au cours de la séance dont il sortait. Bouleversé par son geste et par les conséquences dramatiques qu'il aurait pu avoir, il avait recherché à quoi cette violence lui servait. Lorsqu'il était enfant, il n'avait reçu que des coups comme signes de reconnaissance. Or, du fait de la corvée hebdomadaire à laquelle il devait se soumettre, de nouveau, il n'était pas reconnu. La seule façon d'être reconnu qui fût à sa portée, c'était de s'en prendre plein la figure. Ce qu'il provoqua donc à la première occasion, avec pour double objectif, me dit-il, tel un Sherlock Holmes qui avait résolu une énigme, d'avoir le sentiment d'exister – et Dieu sait s'il l'avait eu ce soir-là ! – et de chercher à guérir le fait même de compter pour du beurre.

Quant à moi – c'est le tour de Nicole –, pour illustrer plus encore combien notre violence tend à panser d'antiques plaies, je rapporterai ici le drame épouvantable qui a touché de près une de mes étudiantes. Son frère avait quitté sa femme depuis quelques mois et celle-ci avait beaucoup de difficultés à l'accepter. À tel point qu'un jour, prise de folie, elle s'est ruée dans la chambre de ses filles munie d'un couteau et, malgré leurs tentatives désespérées d'échapper à sa fureur, elle parvint à les attraper et à les tuer, l'une après l'autre, à l'exception de l'aînée, alors âgée de quatorze ans, qui parvint à s'enfuir. Internée dans un asile, elle réussit quelques semaines plus tard, à l'heure même où son père avait dit qu'il lui rendrait visite, à se pendre dans sa chambre. Mon interlocutrice, évidemment bouleversée, me raconta alors que le père de l'infortunée était psychiatre et qu'il avait consacré sa vie à l'hôpital et à ses patients sans jamais s'occuper de sa fille. Elle réalisa, et ce fut très aidant pour elle, que sa belle-sœur n'avait eu de cesse de chercher à exister aux yeux de l'homme qui l'avait engendrée, que les mille et une choses qu'elle avait faites dans sa vie ne lui avaient pas permis de parvenir à ce résultat et qu'clle était allée jusqu'au bout de l'horreur pour cela. Car pour tuer ses propres enfants, il fallait bien qu'elle existe ! Et comme cela même n'avait pas suffi, elle était allée encore plus loin en se donnant la mort, pour s'inscrire à tout jamais dans le souvenir d'un père qui, l'espérait-elle du moins, ne s'en remettrait pas.

Et nous donc, à quoi nous sert notre violence ?

Exercice

Ici, maintenant, ou dans votre sofa tout à l'heure, ou en promenade ce soir, prenez du temps pour vous et revoyez la dernière fois où vous avez eu un geste, un mot, un regard un tant soit peu violent. C'était aujourd'hui même, peut-être, au travail, à la maison, dans les transports, ou hier, ailleurs, ou le mois dernier. C'était contre un proche, un inconnu, ou contre vous-même peut-être. Revoyez cela.

Quelle déchirure au fond de vous cherchiez-vous à réparer ?

Et si, malgré les apparences, tout était amour ?

Votre violence, celle que vous avez décrite, n'est-elle pas un acte d'amour ? N'est-ce pas, au fond, tout bien considéré, de l'amour de vous qu'il s'agit ? Et si votre violence, comme vous venez de l'expérimenter, participe de l'amour, pourquoi en serait-il autrement de la violence de l'autre, quand bien même elle serait plus monstrueuse et plus dommageable ?

Irions-nous plus loin s'agissant de la violence d'autrui ? Car même si nous faisons la part des choses et que nous parvenons à poser un autre regard sur ce qui s'est passé, le mal n'en a pas moins produit des blessures. Sommes-nous capables alors, comme le proposait Simone Weil, de « contempler la souillure[1] » et de relever le défi qui consiste à la dissoudre ? Sommes-nous capables de devenir des alchimistes habiles à transmuer, en nous-mêmes, le pur en impur, la haine en amour et, somme toute, donc, le plomb en or ?

1. Simone Weil, *La Pesanteur et la Grâce*, *op. cit.*

4

Le ressort invisible

Au moment d'être poussée, terrifiée, avec tant d'autres, dans une chambre à gaz, Etty Hillesum, si elle a pu, jusqu'au bout, demeurer dans la sagesse qu'elle nous a léguée[1], a peut-être quitté ce monde en murmurant, à la façon d'Aragon : « Je meurs sans haine en moi pour le peuple allemand[2]. »

TOUT EST CADEAU

Quelle grandeur ! Quel dépassement ! Et quelle leçon ! Aurions-nous été capables, en d'aussi tragiques circonstances, d'une telle dignité ? Et sommes-nous capables, dans des circonstances moindres, de ne pas haïr, de ne pas maudire, de n'éprouver aucun désir de vengeance ? Rien n'est moins sûr, il est vrai. Même si nous avons lu et relu ceux qui disent, à l'instar de Spinoza, que la haine se combat par l'amour[3], pourrions-nous, le moment venu, y parvenir aussi aisément qu'il est loisible d'en parler ?

Qu'à la limite on ressente de la pitié envers l'autre, l'autre pas forcément criminel, mais autre néanmoins, qui nous a

---

1. Voir page 19.
2. Louis Aragon, *Le Roman inachevé*, Gallimard, p. 227-228.
3. Spinoza, *Éthique*, IV, scolie de la prop. 46.

fait si mal et qu'on ne peut changer, pourquoi pas ? N'est-ce pas déjà bien d'éprouver de la pitié à son endroit ? « S'il faut absolument, disait Épictète, que le mal chez autrui te fasse éprouver un sentiment contraire à la nature, que ce soit de la pitié plutôt que la haine[1]. »

Évidemment, c'est un mieux. Mais un mieux inconfortable, car « la pitié s'éprouve de haut en bas[2] » et, en plus, elle est triste. C'est pourquoi elle « ne va pas loin[3] ».

Irions-nous plus loin nous-mêmes ? Irions-nous jusqu'à « ne pas railler, ne pas pleurer, ne pas détester, mais comprendre[4] » ? Comprendre ? « Je n'en ai rien à faire, dira telle victime, qu'il (elle) ait eu une enfance malheureuse ! » Et s'il y a quelque chose à comprendre, c'est d'abord, sans doute, ce cri de détresse. Mais qui ne résoudra rien pourtant. Pas même la détresse. Et c'est ce qui nous invite à aller plus avant. Irons-nous ? Irons-nous entendre Alice Miller nous dire combien toute destructivité provient de « la décharge de la haine accumulée et refoulée dans l'enfance » et de « son transfert à d'autres objets ou au soi[5] » ? L'écouterons-nous nous dire combien c'est le besoin de tendresse, c'est-à-dire la recherche désespérée d'amour, sans savoir comment s'y prendre, qui conduit à des situations dramatiques ? Évidemment, si nous y parvenons, nous pouvons peut-être commencer à ressentir quelque chose qui ressemblerait à de la neutralité. Être neutre dans son cœur.

---

1. Épictète, *Entretiens*, I, 18.
2. André Comte-Sponville, *Petit Traité des grandes vertus*, *op. cit.*, p. 154.
3. Alain, *Propos*, I, propos du 5 novembre 1927, p. 750.
4. Spinoza, *Traité politique*, I, 4.
5. Alice Miller, C'*est pour ton bien. Racines de la violence dans l'éducation de l'enfant*, Aubier, 1985, p. 275.

Point de haine qui ne fait souffrir que nous et qui nous fait ressembler à cet autre quand c'est ce nous ne voulons pas du tout. Et point d'amour qui, à l'extrême, nous obligerait à le serrer dans nos bras.

Sans doute la neutralité, quand on y arrive, vaut-elle mieux que la pitié, qui vaut mieux que la haine.

Irions-nous plus loin encore ? Et serions-nous sensibles au message de Bouddha qui nous mettrait sur la voie de la compassion ? Si nous pouvons l'envisager, peut-être en considérant que rien n'est inhumain qui ne soit humain, nous pourrons alors – qui sait ? – voir l'autre, quoi qu'il ait fait, comme un homme, et éprouver « cette vertu singulière qui nous ouvre, non seulement à toute l'humanité, mais encore à l'ensemble des vivants, ou, à tout le moins, des souffrants[1] ».

Sans doute la compassion, quand on y arrive, vaut-elle mieux que la neutralité qui vaut mieux que la pitié qui vaut mieux que la haine.

Mais pourrions-nous, comme Alexandre Jollien le suggère, « considérer chaque individu que [nous côtoyons] – et donc aussi notre bourreau, notre tortionnaire, notre persécuteur – comme un maître en humanité[2] » ? « En incarnant dans sa vie une manière particulière d'être pleinement humain, précise-t-il, il peut me prêter des repères pour édifier ma personne[3]. »

Sommes-nous, dès lors, à même de voir l'autre comme un cadeau ? Pouvons-nous imaginer de ne pas nous faire du mal avec ce qu'il nous a fait, mais de nous enrichir de ce qu'il nous a permis de découvrir de nous-mêmes ?

---

1. André Comte-Sponville, *Petit Traité des grandes vertus*, *op. cit.*, p. 148.
2. Alexandre Jollien, *La Construction de soi*, *op. cit.*, p. 15.
3. *Ibid.*

Pouvons-nous le voir comme un miroir qui reflète une instance en nous que nous ne voulions pas voir et qu'il nous révèle ? Pouvons-nous l'inclure comme partie de nous ? Et pouvons-nous, grâce à lui, nous transformer ?

> « Un homme avait pour toute richesse une pierre précieuse dont il prenait le plus grand soin. Hélas ! il la laissa tomber et son lissage en fut altéré. Le malheureux tenta, mais en vain, tout ce qu'il put pour éliminer l'égratignure. Il alla même jusqu'en ville porter son trésor aux lapidaires qui y exerçaient leur art, mais aucun ne parvint à redonner à la pierre son éclat d'origine. Un jour, cependant, vint à passer dans son village un artisan à qui le joyau fut montré. “Regardez, ma pierre est abîmée à jamais !”, se lamenta son propriétaire. L'étranger, après avoir examiné l'objet, prit ses instruments et il sculpta, à l'endroit du choc, un magnifique pétale de rose, qui rendit le diamant plus beau qu'il ne l'avait jamais été[1]. »

Tout cela ne veut pas dire, loin de là, qu'il y ait à cultiver l'épreuve. Qu'on en sorte grandi après qu'elle a surgi est une chose. Qu'on en déduise qu'elle est nécessaire pour évoluer n'est tout simplement pas acceptable. Tirer avantage de ce qui est, voilà une démarche intelligente qui participe de la « bientraitance ». Mais légitimer la souffrance qui n'a pas de sens en soi n'est guère admissible. Si « l'épreuve peut être l'occasion d'un progrès, rien ne saurait justifier un mal absolu[2] », dit fort justement l'auteur de *La Construction de soi*, né lui-même infirme, comme nous l'avons dit plus haut.

---

1. *Ibid.*, p. 23.
2. *Ibid.*

L'ennemi est en nous

On entend souvent des railleries à propos d'aimer ses ennemis, et des moqueries quant à tendre l'autre joue. Pourtant, le Talmud exprime lui aussi une certaine admiration pour ceux « qui se font humilier et n'humilient pas à leur tour, se font insulter et ne répliquent pas, agissent avec amour et restent joyeux malgré la souffrance » (Yoma 23a).

Ceux qui réagissent à l'idée d'aimer ses ennemis en haussant les épaules font penser à ces gamins qui se riaient d'un autre en qui certains, dans le village, voyaient l'esprit de Dieu. Un jour, cherchant à le ridiculiser, ils lui lancèrent : « On te donne une orange si tu nous dis où est Dieu ! » Ils eurent alors, un court instant, le sentiment d'être les plus forts. Mais cela ne dura guère. En effet, alors qu'ils gloussaient de leur farce, la réponse arriva : « Et moi je vous en donne deux, si vous me dites où il n'est pas ! »

Incroyable repartie qui, en plus, n'excluait pas ceux qui se moquaient. Mais l'ont-ils jamais compris ? Ont-ils jamais compris que, si Dieu est partout – selon ce qu'envisageait l'enfant –, c'est qu'Il est aussi en eux ? Peut-être est-ce d'ailleurs ce qu'ils ne voulaient pas voir. Comme d'ailleurs, bien souvent, nous ne le voulons pas nous-mêmes.

« C'est notre propre lumière et non pas notre ombre qui nous effraie le plus[1] », dit Marianne Williamson. Non seulement nous en avons peur, mais, afin d'être vraiment sûrs qu'elle n'osera pas réapparaître – à croire que le danger est immense ; fantasmatique certes, mais immense quand même –, c'est notre ombre que nous mettons en avant. Inconsciemment, bien sûr, mais c'est ce que nous faisons.

---

1. Marianne Williamson, *Un retour à l'amour*, J'ai lu, 2006.

Et quelques-uns, même, en faisant prévaloir leur ombre davantage encore, sont entrés dans le camp des méchants ; ils ont basculé du côté obscur, dirait George Lucas. C'est sans doute pour cette raison que l'horreur dont peut se rendre capable un être humain est proportionnelle à la lumière réprimée en lui.

Hitler en est un exemple. Celui qui restera, à jamais, comme l'assassin le plus monstrueux de toute l'histoire de l'humanité, n'était-il pas un incroyable orateur ? N'était-il pas doté d'un charisme tel qu'il fut capable d'hypnotiser tout un peuple ? N'avait-il pas le sens du commandement et de l'organisation ? Éric-Emmanuel Schmitt s'est demandé ce qu'aurait été la vie de ce peintre raté s'il avait réussi à son concours d'entrée à l'Académie des beaux-arts de Vienne[1]. On peut semblablement se demander ce qu'elle aurait été si sa lumière n'avait pas été étouffée. Et l'on peut gager que, dans ce cas, il n'aurait pas passé sa détestable existence à commettre le pire afin de ne jamais révéler, pas même à ses propres yeux, ce qu'il pouvait y avoir de beau dans son âme[2].

N'est-ce pas d'ailleurs – à une tout autre échelle, heureusement – ce que nous faisons nous-mêmes ? « Les desseins pervers » qui sortent de notre cœur, et dont parle l'Évangile[3], ont-ils un autre but que celui de laisser notre lumière éteinte ou, à tout le moins, d'en diminuer l'intensité ? Ne sont-ils pas la méchante fée qui lance un sort maléfique à la merveille qui est en nous, à cette Belle au bois dormant à qui il faudra le baiser d'un prince pour être réveillée ?

1. Éric-Emmanuel Schmitt, *La Part de l'autre*, Albin Michel, 2005.

2. Voir à ce sujet le chapitre remarquable consacré à l'enfance d'Adolphe Hitler, in Alice Miller, *C'est pour ton bien. Racines de la violence dans l'éducation de l'enfant*, *op. cit.*, p. 168-228.

3. Mc 7, 1-23.

Ce qui confirme, s'il en était besoin, que l'ennemi est en nous. Pas seulement en nous, mais en nous aussi. Et cela tombe plutôt bien, puisque ce n'est que sur nous que nous pouvons agir efficacement. Ce n'est qu'avec nous qu'il est possible de faire quelque chose qui vaille. Ce n'est que notre pierre à nous que nous pouvons polir pour qu'elle prenne harmonieusement place dans l'édifice. Comment, dès lors, ce nous ne serait-il pas digne d'amour ?

Mais alors, la méchante fée est-elle si mauvaise que cela ? Évidemment, nous nous serions passés des embûches dont elle a parsemé le parcours de notre existence. Qui n'aurait pas fait l'économie des épreuves qu'il a endurées ? Qui ne ferait l'économie de celles à venir ? Mais, en même temps, nous sommes tout à fait capables de ce que Boris Cyrulnik, avec d'autres, appelle la résilience, dès lors que nous sommes tous dotés d'un « ressort invisible » qui « permet de rebondir dans l'épreuve en faisant de l'obstacle un tremplin, de la fragilité une richesse, de la faiblesse une force, des impossibilités un ensemble de possibles[1] ».

1. Gustave-Nicolas Fischer, *Le Ressort invisible. Vivre l'extrême*, Le Seuil, 1994, p. 269.

SIXIÈME PARTIE

ET SI TOUT ÉTAIT PARFAIT ?

« Quand vous réaliserez combien tout est parfait,
alors vous pencherez votre tête en arrière
et vous rirez de vous avec les cieux[1]. »

Bouddha

Lorsque nous prenons du recul par rapport à nos misères et à nos peines, et lorsque nous nous plaçons dans la perspective d'un dessein plus grand que celui que nous pouvons voir, nous pouvons, peut-être, considérer qu'en définitive tout, jusqu'au plus apparemment imparfait, a été parfait.

1. Ce propos est attribué à Bouddha, mais nous n'avons pu trouver de source certaine. Quoi qu'il en soit, quand bien même ce ne serait pas Bouddha qui l'a tenu, ce serait un sage anonyme qui vaut donc d'être cité. (Traduction libre de Jacques Schecroun.)

1

La perfection de l'imparfait

Dans son livre *Les Fabuleuses Aventures d'un Indien malchanceux qui devint milliardaire*[1], porté à l'écran en 2008 sous le titre *Slumdog Millionnaire*, Vikas Swarup raconte l'épopée d'un jeune homme des bidonvilles de Mumbai (Bombay), qui sait à peine lire et écrire, qui n'a pas fait d'études, qui n'a jamais lu aucun livre, qui n'a aucune culture, et qui, malgré la difficulté des questions qui lui sont posées, franchit victorieusement, jusqu'à la dernière, toutes les étapes du jeu télévisé « Qui veut gagner des millions ? ». Au fur et à mesure que l'intrigue se déroule, on comprend que ce sont les épreuves de la vie, souvent les plus cruelles, qui ont appris au héros quelques petites choses, celles-là mêmes qui lui permettront de donner les bonnes réponses devant les caméras et, ainsi, de devenir millionnaire.

Pour autant, aurait-il dit – étant donné les souffrances qui ne l'avaient pas épargné, loin de là – qu'en définitive tout était parfait ?

Dans son conte philosophique le plus connu, Voltaire fait dire au précepteur de Candide : « Tous les événements sont enchaînés dans le meilleur des mondes possibles ; car enfin

---

1. Vikas Swarup, *Les Fabuleuses Aventures d'un Indien malchanceux qui devint milliardaire*, Belfond, 2006 et 10/18, 2007.

si vous n'aviez pas été chassé d'un beau château à grands coups de pied dans le derrière pour l'amour de mademoiselle Cunégonde, si vous n'aviez pas été mis à l'Inquisition, si vous n'aviez pas couru l'Amérique à pied, si vous n'aviez pas donné un bon coup d'épée au baron, si vous n'aviez pas perdu tous vos moutons du bon pays d'Eldorado, vous ne mangeriez pas ici des cédrats confits et des pistaches[1]. »

Est-ce à dire que, malgré tous les malheurs qui avaient été infligés à Candide, tout était parfait ?

Dans un train qui le menait à Moscou, Saint-Exupéry observait un couple d'ouvriers assis en face de lui : « Entre l'homme et la femme, l'enfant, tant bien que mal, avait fait son creux et il dormait. Mais il se retourna dans le sommeil, et son visage m'apparut sous la veilleuse. Ah ! quel adorable visage ! Il était né de ce couple-là une sorte de fruit doré. Il était né de ces lourdes hardes cette réussite de charme et de grâce. Je me penchai sur ce front lisse, sur cette douce moue des lèvres, et je me dis : voici un visage de musicien, voici Mozart enfant, voici une belle promesse de la vie. Les petits princes des légendes n'étaient point différents de lui[2]. » Ainsi naquit l'idée du personnage de l'ouvrage le plus vendu dans le monde après la Bible.

1. Voltaire, *Candide*, éditions Bréal, coll. « La petite bibliothèque philosophique de Joann Sfar », 2003, p. 162.

2. Antoine de Saint-Exupéry, *Terre des hommes*, in *Œuvres complètes*, t. 1, « Les Hommes », Gallimard, coll. « La Pléiade », p. 284.

Tout n'est-il pas parfait ?

« La politique d'apartheid, a écrit Nelson Mandela, a créé une blessure profonde et durable dans mon pays et dans mon peuple. Il nous faudra des années, et peut-être des générations, pour guérir ce mal terrible. Mais les décennies d'oppression et de brutalité ont eu un autre effet inattendu… » Et l'ancien forçat, devenu prix Nobel de la paix, d'évoquer le courage, la sagesse, la générosité de ses camarades qui ont parcouru avec lui « un long chemin vers la liberté[1] ». « Peut-être faut-il, concluait-il, ces abîmes d'oppression pour créer une telle grandeur de caractère. » Voulait-il dire que, malgré tout ce qu'il avait enduré, tout avait été parfait ?

Rien n'est parfait et tout est parfait

Parfait, donc ! Mais nous avons l'habitude de penser que ce qui aurait été parfait, c'est-à-dire, au sens du dictionnaire, ce qui, exempt de défauts, aurait eu toutes les qualités, c'eût été que notre vie soit épargnée par la souffrance. Alors, protesteront certains, qu'un Indien miséreux, un Pangloss instruisant Candide, un Saint-Exupéry naïf ou un Nelson Mandela optimiste aient pu éventuellement voir de la perfection dans leurs malheurs, peut-être ! « Mais nous, pourraient-ils ajouter, il n'en est pas question ! » Ils pourront même, à l'occasion, évoquer leurs malheurs et dire, si du moins ils sont parvenus à nous suivre jusqu'ici, que pour émettre les hypothèses qui sont dans cet ouvrage, et spécialement celle suivant laquelle tout serait parfait, il

1. Nelson Mandela, *Un long chemin vers la liberté*, Fayard, 1995.

faut avoir été à l'abri de toute peine. « Si, comme moi, affirmeraient-ils, vous aviez connu la vraie souffrance, vous ne diriez pas des choses pareilles ! » Réflexion assez récurrente que tous les thérapeutes entendent, un jour ou l'autre, dans leur cabinet : « Vous ne savez pas ce que c'est, vous ! Vous ne pouvez pas comprendre ! »

Or, outre que nul ne sait jamais ni la quantité ni l'intensité des épreuves que *vous* a connues dans sa vie, c'est là une façon de penser qui en dit long sur le rapport des êtres humains avec la souffrance. Enclins, en effet, à considérer que la leur l'emporte sur celle de tous les autres, ils affichent une telle complicité avec ce qu'ils ont enduré que, si l'on organisait un concours pour élire le détenteur du record en la matière, il y aurait une foule considérable de candidats qui viendraient, avec fierté, en disputer le titre :

« C'est moi qui ai souffert le plus ! – Non, c'est moi ! – Taisez-vous donc, *je* suis le plus à plaindre ! »

Le fait est que chacun a eu son lot de misères et, même s'il est vrai que certaines sont plus terribles que d'autres, rien ne sert de comparer. Plus encore, à quoi bon se servir de sa souffrance pour prétendre être incompris ? D'autant que cela revient, à bien y réfléchir, à la vouloir garder ! « J'ai mal, docteur, mais hélas ! vous ne pouvez rien pour moi ! »

Je ne peux m'empêcher de penser, lorsque j'évoque cela – c'est Nicole qui intervient –, à ce médecin à qui l'on a révélé sa séropositivité il y a près de vingt ans, et la maladie du sida, elle-même, peu de temps après. Il a alors entrepris une psychothérapie, ne serait-ce que pour se préparer à quitter ce monde, puisqu'à l'époque ses confrères ne lui donnaient que peu de temps à vivre. De fait, il a failli mourir à plusieurs reprises, mais deux décennies plus tard il est toujours là. Vous imaginez, dans ces conditions, ce qu'il peut ressentir quand un de ses patients, qui ne sait pas à quel point il a été entre la vie et la mort, lui dit quelque chose du genre : « Vous ne pouvez pas comprendre ma souffrance ! Vous ne savez pas ce que c'est, vous ! »

Alors, entre « tout n'est pas parfait » – puisqu'il est vrai que ni les malheurs du monde ni les nôtres ne peuvent être « parfaits » – et « tout est parfait » – puisqu'il est possible que ce qui est advenu nous soit de quelque utilité –, où donc nous situer ? « Tout est affaire de point de vue, disait Henry de Montherlant, et le malheur n'est souvent que le signe d'une fausse interprétation de la vie[1]. » Si l'on prend un peu de recul, si l'on s'élève au-delà de notre petit moi, de nos misères et de nos peines, si, surtout, on se place dans la perspective d'un dessein plus grand que ce qu'on peut voir depuis la fenêtre de nos souffrances, si grandes aient-elles été ou si grandes soient-elles, on peut, peut-être, entrevoir que tout, en effet, a été parfait.

---

1. Henry de Montherlant, *Carnets*, XX, La Table ronde, 1956.

2

La perception de la perfection

En fait, il semble bien qu'il y ait, par rapport à la perfection de toutes choses, trois attitudes possibles. Celle qui consiste à ne la voir nulle part, celle qui consiste à la constater a posteriori et celle enfin qui consiste à la voir sur le moment même où elle semble mise en cause.

Ni bien ni mal

La première option, nous la connaissons bien, parce que nous l'avons longtemps pratiquée et parce qu'elle est le fait de la plupart d'entre nous. Elle résulte de ce que nous ne voulons pas donner de sens à ce qui, considérons-nous, ne saurait mériter d'en avoir ; elle résulte de ce que nous nous vivons séparés les uns des autres et de ce qui nous arrive ; elle résulte aussi de ce que nous nous demandons : « À qui la faute ? » ; elle résulte encore de ce que nous cherchons à avoir raison en toutes occasions et à légitimer ce que nous croyons par les expériences que nous nous créons ; et elle résulte enfin de ce que, ayant peur de l'amour, nous ne voyons guère qu'il est partout, y compris, et surtout, dans ce qui n'en a pas l'air. Et cela n'est ni bien ni mal : c'est. Dans *Le Symbolisme du corps humain*, Annick de Souzenelle disait, en substance, qu'« il n'y a ni bien ni mal[1] », mais bien plutôt « ce qui est lumière et ce qui ne l'est pas encore[2] ».

SIGNER À CHAQUE INSTANT LE LIVRE DE SA VIE

Dès lors que l'on franchit un cap et que l'on atteint celui où l'on peut voir, à retardement, la perfection de ce qui a été, comment ne pas commencer par poser un regard de tendresse sur le fait qu'on ne l'ait point vue avant ? Car, évidemment, si l'on dit que « tout est parfait » et que l'on s'en veut de ne pas l'avoir compris plus tôt, c'est qu'on ne l'a pas compris du tout !

Il est manifeste que cette autre attitude, celle qui consiste à voir, avec le temps qui a passé sur les événements, qu'en vérité ils étaient parfaits pour notre évolution, cette attitude, donc, permet un immense soulagement.

> C'est ce qui s'est passé – c'est Nicole qui parle ici – avec mon père, dont j'ai raconté les dernières heures[3]. En signant le livre de sa vie, il déclarait, d'une certaine façon, que tout avait été parfait. Au moment de faire le bilan de son existence, à l'heure de passer en revue tous les malheurs qu'il avait connus, et de voir défiler une dernière fois les erreurs qu'il avait pu faire, il reconnaissait que tout avait été absolument parfait pour son évolution et il le proclamait.

---

1. Annick de Souzenelle, *Le Symbolisme du corps humain*, Albin Michel, 1991, p. 37.
2. *Ibid.*
3. Voir page 191.

La perfection instantanée

La troisième attitude, au regard de la perfection de ce qui est, consiste à la voir, non plus à l'heure de mourir, mais au moment même où les circonstances la mettent à l'épreuve.

Maman de deux beaux bébés – c'est Nicole qui raconte –, l'un de quinze mois et l'autre dont elle avait accouché quelques semaines plus tôt, Marianne traversait une période très éprouvante. Son mari lui avait annoncé, en effet, à sa sortie de la maternité, qu'il avait rencontré une autre femme avec laquelle il voulait faire sa vie. Elle savait que tout était parfait et que la vie voulait le meilleur pour elle, mais cela ne l'empêchait pas de vivre très difficilement la perspective de se retrouver, à vingt-huit ans, seule avec deux enfants à élever. Dans l'idée de refaire le plein d'énergie, elle s'inscrivit à un séminaire résidentiel d'une semaine que nous allions animer, Jacques et moi, en Espagne, et elle s'organisa pour disposer sur place des aides qui lui seraient nécessaires, notamment pour la garde des bébés. Le matin du départ, et malgré le climat d'extrême tension qui régnait dans le couple, son mari les accompagna, elle et les deux enfants, à l'aéroport. Or, il s'avéra, au comptoir de la compagnie aérienne, que Marianne, tout haut fonctionnaire qu'elle était, n'avait pas pensé à les faire inscrire sur son passeport, si bien qu'elle se vit refuser l'enregistrement. Elle eut beau protester, exiger la présence d'un responsable, argumenter, faire valoir qu'il n'y avait plus de frontières à l'intérieur de l'Europe, que c'était stupide puisqu'en voiture ou en train elle n'aurait aucun mal à passer la frontière, qu'elle avait livret de famille et autres actes de naissance, rien n'y fit. Sa façon d'opérer fut impressionnante. En effet, elle mettait tout en œuvre pour obtenir qu'on la laisse embarquer et, en même temps, il semblait émaner d'elle comme un parfum nommé *Tout est parfait.*

Elle dut donc se résoudre, le cœur déchiré, à laisser partir le groupe sans elle. Néanmoins, le soir même, au grand étonnement de tous, elle était, avec ses deux bébés, à l'hôtel où avait lieu le séminaire quelque part non loin de Barcelone. Son mari, voyant son désarroi, au lieu de prendre la route pour rentrer chez eux, avait mis, aussitôt, le cap vers le sud pour l'accompagner, et il avait donc parcouru quelque 1 200 kilomètres pour mener sa femme à sa destination. Il était supposé repartir le lendemain, mais, trop fatigué, il décida de rester un jour de plus. Et comme l'endroit lui plut, qu'il profitait un maximum de ses petits, il passa une série de coups de fil pour annuler quelques rendez-vous, s'acheta une brosse à dents, un ou deux bermudas et autant de chemises et demeura auprès de sa petite famille jusqu'à la fin du séjour. Pour Marianne, alors qu'à l'aéroport il lui tardait de ne plus voir son mari, le trajet qu'elle avait fait avec lui et les huit jours qu'elle passa en sa compagnie furent salvateurs. Être ensemble de façon aussi inespérée pendant toute une semaine, s'occuper ensemble de leurs enfants, tout cela sauva leur couple. Tout avait été parfait, puisque sans le problème du passeport il est probable que la situation n'aurait pas évolué semblablement.

Voir donc que tout est parfait, dans l'instant. Vivre ce qui se passe intensément et, en même temps, avoir la conscience que tout est parfait. Être au cœur des événements et, simultanément, prendre de la hauteur pour envisager un dessein plus grand que celui que l'on imaginait. Être bouleversé par ce qui semble s'abattre sur soi et se demander si, dans le fond, ce qui se passe ne résulte pas d'un choix.

Notre choix ?

3

Le choix qui change tout

Et si, en effet, nous avions choisi ? Et si vous aviez choisi ? Évidemment, il ne s'agit pas ici du choix entre acheter une berline ou un monospace, ni de la décision de voter pour tel candidat plutôt que pour tel autre à une élection, ni du fait de trancher entre cinéma ou théâtre ce soir. Il est question ici d'avoir choisi tout ce qui a fait notre vie jusqu'ici.

> Lorsque est advenue l'aventure peu commune que j'ai racontée plus avant[1] – c'est Nicole qui témoigne de nouveau –, cette expérience troublante au cours de laquelle je me suis vue être un atome de conscience, j'ai eu la conviction qu'il ne dépendait que de moi de réintégrer mon corps physique ou de m'en aller dans d'autres sphères. Alors que cette dimension où régnait l'amour m'émerveillait autant qu'elle m'attirait infiniment, j'ai su, de façon intime, que le choix entre vivre et mourir n'appartenait qu'à moi. Mon sort n'était pas plus entre les mains de Dieu qu'entre celles de l'un de Ses saints. Il était entre les miennes seules. Que faire ? Revenir à la vie et à ses vicissitudes ou demeurer dans l'ineffable beauté de l'au-delà aux portes duquel il semblait bien que je me trouvais ? Quelle décision prendre ?

1. Voir p. 41.

C'est alors que l'image de ma fille Audrey, qui était, alors, âgée de douze ans, m'est apparue comme pour me signifier que mon parcours terrestre n'était pas terminé. Et, de fait, il s'est enrichi de cette expérience ultime puisque, depuis, je sais, au plus profond de moi, que si j'ai eu jusqu'au choix de vivre ou de ne plus vivre, c'est que tous les autres choix ne sont et n'ont jamais été que de mon fait.

Et si nous avions choisi ?

Avoir choisi ? Au passé ? Comment cela est-il possible puisque « le passé, disait Aristote, ne peut être l'objet de choix[1] » ? Nous voulons bien considérer de choisir, à la limite, pour notre avenir, mais avoir choisi ce qui nous est arrivé, c'est non… ! Avoir choisi le moche, avoir choisi le pire, avoir choisi l'enfer ? Définitivement non !

Même si Pythagore disait déjà que « les maux qui dévorent les hommes sont le fruit de leurs choix ; et ces malheureux cherchent loin d'eux les biens dont ils portent la source[2] », nous avons le plus grand mal à concevoir que nous avons choisi ce qui est advenu. Nous gravons sur des monuments commémoratifs « ne plus subir », et nous ne nous rendons pas compte que, ce faisant, nous entretenons l'idée que nous subissons les événements et que nous nous rendons alors nous-mêmes susceptibles de donner aux autres un pouvoir sur nous.

1. Aristote, *Éthique à Nicomaque*, VI, 2, 1139b.

2. Pythagore, *Les Vers d'or, suivi du Commentaire sur Les Vers d'or des pythagoriciens de Hiéroclès*, trad. Mario Meunier, L'Artisan du livre, 1930.

Voilà quelques années, nous avions hébergé à la maison – c'est Jacques qui raconte – un cousin que son épouse venait de quitter. Cette séparation l'affectait infiniment et il avait besoin d'être écouté et accueilli dans sa souffrance. En même temps, il n'avait pas de mots assez durs pour imputer à sa femme la responsabilité de cette rupture. Elle était celle qui n'avait fait aucun effort, celle qui n'avait rien concédé, celle par qui donc son malheur était arrivé. Et il s'était fait une sorte de refrain, sur ce mode, qu'il reprenait, sans cesse, comme une rengaine. Un matin, alors qu'il remettait cela pour la énième fois, nous n'avons pas résisté à l'envie de lui suggérer d'envisager que, dans le fond du fond des choses, cette rupture qu'il décriait tant, il l'avait peut-être choisie. Comme il allait s'emporter, nous lui avons proposé de ne pas nous répondre, mais de conserver cette question, dans un coin de sa tête, comme une hypothèse, peut-être stupide, peut-être invraisemblable, mais, après tout, lui avons-nous dit, on ne sait jamais ! Le mois suivant, il rencontra une autre femme dont il s'éprit et qui, en peu de temps, le fit père de deux enfants, circonstance d'autant plus joyeuse que, du temps de sa précédente union, toutes leurs tentatives d'être parents avaient échoué. Quelques années plus tard, alors que nous dînions ensemble tous les trois, il nous dit quelque chose comme : « Vous savez, votre histoire de choix, eh bien ! vous aviez raison ; je ne voulais pas me l'avouer, mais en vérité, je voulais rompre avec Amélie ! Il m'a fallu du temps pour admettre que mon choix profond était vraiment qu'on se sépare ! »

Mot d'humour

Toute la vie est une affaire de choix. Cela commence par : « La tétine ou le téton ? » Et cela s'achève par : « Le chêne ou le sapin[1] ? »

Pierre Desproges

N'AVONS-NOUS PAS CHOISI NOS PARENTS ?

Dans l'une de ses conférences[2], Wayne Dyer, auteur, entre autres ouvrages, du *Pouvoir de l'intention*[3], racontait qu'il en avait longtemps voulu à son père d'avoir abandonné sa mère alors qu'il venait de naître et que son petit frère, pas plus haut que trois pommes, était gravement malade. Il lui tenait rigueur de ne jamais leur avoir envoyé le moindre centime, de ne jamais avoir donné signe de vie, de ne jamais avoir pris des nouvelles de ses enfants et de ne leur avoir jamais envoyé la moindre carte d'anniversaire ni la moindre babiole à Noël. Un jour, rapportait-il, il apprit par hasard que cet ignoble individu était mort et il eut envie d'aller sur sa tombe pour y cracher dessus (pisser dessus, disent les Américains). Il se rendit donc dans la ville où il était enterré, mais, parvenu au cimetière,

1. Pierre Desproges, *Manuel de savoir-vivre à l'usage des rustres et des malpolis*, *op. cit.*

2. Wayne W. Dyer, *There Is a Spiritual Solution to Every Problem* (audio book), Harper Collins, 2006.

3. Wayne W. Dyer, *Le Pouvoir de l'intention*, J'ai lu, 2006.

au-dessus de la dalle qui portait son nom, il ne put rien dire des quatre vérités qu'il avait si souvent ressassées pour les crier à son père, si jamais, un jour, il se trouvait face à lui. Dans le silence de l'endroit, il réalisa combien tout avait été parfait. « Et savez-vous qui a été mon plus grand maître ? », concluait-il son propos. Et après un long silence, il répondait : « Mon père. » Il avait compris, en effet, que ce père était le choix le plus sensé qu'il avait pu faire pour être devenu celui qu'il était, pour écrire des best-sellers, pour parler à la télévision, et surtout pour savoir pardonner. Sans lui, il n'aurait jamais pu faire un tel chemin.

Ce qu'ils en disent

Henri Bergson : « Dans toute l'étendue du règne animal, la conscience apparaît comme proportionnelle à la puissance de choix dont l'être vivant dispose[1]. »

Joseph O'Connor : « On a toujours le choix, on a même la somme de ses choix[2]. »

Et vous, avez-vous choisi vos parents ? Pour nombre d'entre nous, pas tous, il est vrai, mais beaucoup, tout porte à croire le contraire, n'est-ce pas ? La formule est d'ailleurs

1. Henri Bergson, *L'Évolution créatrice*, PUF, 2007.
2. Joseph O'Connor, *Desperados*, Phébus, 1998.

consacrée selon laquelle « on ne choisit pas ses parents, on choisit ses amis ».

Et s'il n'en était rien ? Si, au contraire, nous avions choisi nos parents, choisi notre famille, choisi le lieu où nous sommes nés et les trottoirs où nous avons titubé en tentant de mettre un pied devant l'autre, ne serait-ce pas gagner en liberté ?

Évidemment, tout dépend du cas que nous faisons de notre liberté. Dans nos rêves les plus fous, comment la voyons-nous ? Est-elle totale ou n'occupe-t-elle que l'espace laissé vacant par les circonstances ? A-t-elle comme seule limite, nécessaire à la vie en société, la liberté d'autrui ou est-elle entravée par des obstacles que nous pourrions lever ? Est-elle un lointain idéal ou peut-elle marquer de son empreinte notre vie d'aujourd'hui ?

Notre bonheur ne dépend de personne

Si nous considérons que la liberté participe de notre être véritable, nous pouvons l'envisager aussi étendue que possible. Cela impliquerait, que l'on se place au niveau des individus ou au niveau des nations, que nous ne soyons dépendants de rien ni de personne. Il en résulterait, dans cette perspective, que notre bonheur ne saurait être le fait de quelque beau chevalier sur son cheval blanc, pas plus qu'il ne saurait dépendre d'une princesse de contes de fées. Il ne saurait non plus être subordonné à une quelconque prise en charge, pas plus qu'il ne serait conditionné par la couleur du parti qui dirige le pays. Au nom de quoi, d'ailleurs, donnerions-nous à un autre, quel qu'il soit, le pouvoir de nous rendre heureux ? Au nom de quoi aliénerions-nous à l'autre la conduite de notre vie ? Est-il cohérent que, de tout temps, les hommes aient lutté pour leur liberté, que les monuments aux morts égrènent les patronymes des héros tombés au champ d'honneur pour la conquérir, que, chaque jour, ici ou là dans le monde, des soldats meurent pour elle, que son nom soit écrit sur « [des] cahiers d'écolier, sur [des] pupitres et [des] arbres, sur le sable, sur la neige[1] », qu'à l'entrée de Manhattan une gigantesque statue la glorifie, qu'elle figure en premier lieu dans la devise de la République française et que, d'un autre côté, nous soyons prêts à l'abandonner à la guise d'autrui ?

Certes, il faut faire taire ici les « oui, mais » qui, immanquablement, refont surface. Écartons pour cela les situations extrêmes, soit qu'elles nous aient touchés personnellement, soit qu'elles aient affecté ou qu'elles affectent tout ou partie de l'humanité. Tenons-nous-en à tout ce qui s'est passé dans notre vie et qui aurait pu être tellement différent si nous n'avions pas fait dépendre notre bonheur de quelqu'un d'autre, de la survenance d'un événement, de conditions matérielles ou de quoi que ce soit d'autre, y compris, comme le disait Woody Allen, de l'idée même du bonheur.

Mot d'humour

« Qu'est-ce que je serais heureux, si j'étais heureux ! »

Woody Allen

1. Paul Eluard, *Poésie et Vérité*, La Main à plume, 1942.

Tenons-nous-en à cela, puisque quand même il y aurait eu, dans notre histoire, des conjonctures que, selon ce que nous pensons, nous ne pouvions nullement maîtriser, il y a tout le reste de ce qui était en notre pouvoir. Et lorsque vous entrez dans cette dynamique, il arrive souvent qu'un phénomène incroyable se produise. Quand, en effet, vous commencez par dire que vous ne pouvez rien au fait d'avoir appris à marcher sur les trottoirs d'une banlieue misérable ou au fait d'avoir grandi avec un père alcoolique et une mère dépressive, et lorsque, dans ces circonstances, vous vous autorisez à faire l'expérience de tout ce qui pourrait être possible et que vous mettez en œuvre tout ce qui est précisément en votre pouvoir, alors vous vous rendez compte que vous n'étiez peut-être pas aussi étranger que cela aux conditions mêmes de votre naissance.

Le contrat d'âme est celui par lequel chacun est le complément idéal de l'autre

Dans *La Petite Âme et le Soleil*[1] est racontée l'histoire, hors du temps, de cette petite âme qui, pour arriver à savoir qui elle était vraiment, devait nécessairement faire l'expérience de son contraire.

> « — Je sais ce que je veux être ! Je sais ce que je veux être ! annonça la Petite Âme tout excitée. Je veux être celui qui pardonne… Je veux faire l'expérience d'être cela.
> — Bien, dit Dieu, mais il y a une chose que tu dois savoir… Il n'y a personne à qui pardonner.
> — Personne ?

1. Neale D. Walsch, *La Petite Âme et le Soleil*, Ariane, 2008.

— Personne ! répéta Dieu. Tout ce que j'ai fait est parfait. Il n'y a pas une seule âme dans toute la création qui soit moins parfaite que toi. Regarde autour de toi.

— Eh bien, ça ne va pas être drôle du tout ! grommela la Petite Âme. Je voulais faire l'expérience d'être Celui Qui Pardonne. Je voulais savoir quel effet ça faisait...

À ce moment-là, une Âme amicale s'avança.

— Ne t'inquiète pas, dit[-elle], je vais t'aider... Je peux venir dans ta prochaine vie et faire quelque chose que tu pourras pardonner.

— Mais pourquoi ferais-tu cela ? demanda [la Petite Âme]. Toi qui es un être d'une telle perfection achevée ! Qu'est-ce qui pourrait te faire vouloir que ta brillante Lumière devienne sombre et dense ? Qu'est-ce qui te ferait faire cette mauvaise chose ?

— C'est simple, dit l'Âme amicale. Je le ferai parce que je t'aime. Et donc, continua-t-elle d'expliquer, je vais venir dans ta prochaine vie... Je ferai quelque chose de vraiment terrible... Alors tu pourras faire l'expérience d'être Celui Qui Pardonne. J'ai une seule et unique faveur à te demander en échange.

— Oh ! n'importe quoi, n'importe quoi ! Qu'est-ce que je peux faire pour toi ? Tu es un tel ange de bien vouloir faire cela pour moi !

— Au moment où je te frapperai et te terrasserai, répondit l'Âme amicale, au moment où je ferai la pire chose que tu puisses imaginer, à ce moment précis...

— Oui ? interrompit la Petite Âme. Oui ?

— Souviens-toi de Qui Je Suis Réellement.

— Oh ! je le ferai ! s'écria la Petite Âme. Je te le promets ! Je me souviendrai toujours de toi comme je te vois ici même !

— Bien, dit l'Âme amicale. Parce que, vois-tu, j'aurai fait semblant tellement fort que je me serai oublié... Et si j'oublie Qui Je Suis, tu peux même oublier Qui Tu Es, et nous serons perdus tous les deux...

Et la Petite Âme attendit anxieusement de pouvoir faire l'expérience d'être Celui Qui Pardonne, et de remercier l'Âme qui le lui permettrait. Et dans tous les moments de cette nouvelle existence, chaque fois qu'une nouvelle âme faisait son apparition, que cette nouvelle âme amène de la joie ou de la tristesse – et surtout si elle amenait de la tristesse –, la Petite Âme pensait à ce que Dieu avait dit :

— Souviens-toi toujours… Je ne t'ai jamais envoyé que des anges[1]. »

N'est-ce pas cela, la liberté ? N'est-ce pas d'assumer totalement toute son histoire ? N'est-ce pas d'accepter sa naissance et d'en tirer le meilleur parti possible ? N'est-ce pas de voir tout ce qui a été possible par le fait même de son parcours ?

N'est-ce pas cela, la liberté ? N'est-ce pas de distinguer, au-delà des apparences, le contrat d'âme passé avec telle personne ou avec telle autre ? Contrat au terme duquel l'un a été le parfait complément de l'autre…

N'est-ce pas cela, la liberté qui nous rend chacun responsable du choix d'avoir été tantôt bourreau, tantôt victime, puisque, à tout bourreau, il faut une victime, et à toute victime, un bourreau ?

N'est-ce pas cela, la liberté qui nous rend le pouvoir sur nous-mêmes dont le sort ne dépend plus, autant qu'il est possible, de rien d'autre que de nous ?

1. Neale D. Walsch, *La Petite Âme et le Soleil*, *op. cit.*

Exercice

Et vous donc, qui avez-vous choisi pour expérimenter le pardon ? Avec qui avez-vous passé un contrat d'âmes ? Votre mère ? Votre père ? Un frère ou une sœur ? Votre partenaire ?

Qui avez-vous choisi pour ne plus éprouver de ressentiments ? Avec qui avez-vous passé un contrat d'âmes ? Votre mère ? Votre père ? Un frère ou une sœur ? Votre partenaire ?

Qui avez-vous choisi pour devenir sage ? Avec qui avez-vous passé un contrat d'âmes ? Votre mère ? Votre père ? Un frère ou une sœur ? Votre partenaire ?

« Tout est parfait ! », « Nous avons choisi ! », « Nous avons conclu des contrats d'âmes ! ». Voilà qui bouleverse bien des modes de pensée, ou plutôt le mode unique de pensée qui fonctionne en sens contraire. Comment se fait-il que nous baignions dans cet univers-là ? Comment se fait-il que nous soyons entourés de tant de gens qui ne le conçoivent guère ? Mais, au fait, soyons logiques ! Si c'est ainsi, c'est que nous l'avons choisi ! Nous avons choisi un environnement, une société, un système dans lequel nous sommes plus volontiers objets des circonstances que sujets de notre vie et plus volontiers victimes des situations que capables de les créer. N'est-ce pas pour aller vers notre liberté ?

N'est-ce pas pour aller vers plus de gratitude ?

4

Le pouvoir de la gratitude

On peut se plaindre, sans doute, tout le temps, et n'avoir pas assez. On est alors plus malheureux par le fait que l'on se plaint que par le fait de ce qui manque. On peut voir le verre à moitié vide au lieu d'apprécier ce dont il est rempli. L'amertume de ce que l'on n'a pas l'emporte sur la saveur de ce que l'on a.

MERCI LA VIE POUR TOUT CE QUI A ÉTÉ, TOUT CE QUI EST ET TOUT CE QUI SERA

On peut aussi remercier pour ce qui a été, pour ce qui est et pour ce qui sera. C'est cela, se bien traiter. Aussi, le remerciement produit parfois comme des petits miracles qui sont autant de signes que la vie veut le meilleur pour nous.

> Jacques m'avait conduite – c'est Nicole qui relate cet épisode – à l'aéroport de Paris-Charles-de-Gaulle d'où je devais décoller pour Vienne. Dans l'avion, j'ai voulu acheter je ne sais plus quoi et, au moment de payer, je me suis rendu compte que je n'avais plus mon portefeuille. J'ai vidé mon sac, fouillé mes poches, cherché sur le siège, ratissé la moquette. Rien. À l'évidence, je l'avais

perdu, avec mes papiers, l'argent liquide qu'il contenait et mes cartes de crédit. Or, il se trouve que ce déplacement que j'effectuais en Autriche était professionnellement très important et que, dès ma descente d'avion, je devais avoir des entretiens qui requerraient toute mon énergie. Il n'était donc pas question que je l'investisse dans la panique et dans le souci que l'on se fait généralement quand ce genre de choses arrive. Aussi, comme poussée par les circonstances, je me suis mise à remercier la vie pour la perfection de ce qui était. Et j'en ai profité pour chercher un sens à ce qui m'arrivait, que je trouvais dans l'invitation à ne pas laisser quoi que ce soit, et moins encore des préoccupations d'ordre matériel, me détourner de l'essentiel. Alors que, tout à fait calme dans mon fauteuil, je me laissais gagner par le sentiment de la gratitude, à la maison, au moment même où Jacques mettait la clé dans la serrure, le téléphone sonna... C'était un préposé de l'aéroport qui voulait me parler.

— Je suis désolé, répondit Jacques, je viens juste de la déposer à Roissy !

— Précisément, lui dit la voix, nous avons retrouvé son portefeuille, avec son argent et ses cartes de crédit ! Vous pouvez le récupérer au service des objets trouvés.

J'avais donné un sens à cette épreuve et mon portefeuille était retrouvé !

Et il y a, à cette anecdote, un petit épilogue. Le téléphone qui avait sonné à la maison était celui de ma ligne professionnelle, que j'avais oublié de mettre sur répondeur. Sans cet oubli, le préposé serait tombé sur la messagerie et je n'aurais pas su que mon argent, mes cartes et mes papiers n'étaient pas perdus avant mon retour à Paris, une semaine plus tard. Grâce à cette omission, j'ai connu la bonne nouvelle dès l'atterrissage à Vienne au moment de rallumer mon téléphone portable ; cela m'a permis d'éviter de demander à Jacques de faire opposition à mes cartes et m'a épargné le désagrément des déclarations de perte et de toutes les démarches subséquentes. Ma gratitude n'avait pas été pour rien dans cet heureux dénouement !

Un autre fois – c'est Jacques qui reprend la plume –, nous étions tous les deux sortis de l'hôtel indonésien où nous séjournions, pour aller faire quelques courses dans un centre commercial voisin. Sur le chemin du retour, Nicole ouvrit son sac pour prendre dans son porte-monnaie une ou deux pièces afin de les donner à un mendiant qui se tenait à genoux sur le trottoir. Quelques instants plus tard, deux individus surgissant sur une motocyclette le lui arrachèrent. Elle cria très fort et, tout aussitôt, elle se plaça dans la dynamique du remerciement. À ce moment-là, quelque chose d'incroyable s'est passé sous nos yeux. Comme les voleurs, dans leur fuite, tenaient le sac à l'envers, et comme Nicole ne l'avait pas refermé, tout son contenu se dispersait sur la chaussée. Nous n'eûmes plus qu'à nous baisser pour tout récupérer.

« La gratitude est la plus puissante des prières »

Évidemment – et c'est là, dirait Jean de La Fontaine, « notre grand défaut » –, nous sommes beaucoup plus enclins à remercier la vie pour les « bonnes choses » que pour ce que nous considérons comme l'étant moins, de la même façon que nous sommes bien plus disposés à aimer davantage les gens agréables. Mais la gratitude n'a de sens, évidemment, qu'autant qu'elle englobe ce qui, a priori, ne mérite pas notre reconnaissance.

Je nous conduisais vers le restaurant où nous avions convié la famille new-yorkaise de Nicole – c'est Jacques qui raconte cette histoire –, et elle m'annonça, pendant le trajet, qu'elle était convenue avec sa sœur, qui serait de la fête avec son mari, que nous partagerions l'addition. Je n'étais pas d'accord avec cette façon de procéder qui me semblait inadéquate. À mon sens, c'était eux ou nous, et je ne nous imaginais pas, à la fin du repas, expliquer à nos hôtes que nous nous étions cotisés pour régler la note. Quand vint le moment de payer, les faits semblèrent me donner raison. Alors, en effet, que le maître d'hôtel s'approchait de notre table avec la facture, c'est mon beau-frère qui réussit à la saisir et comme c'est lui qui l'acquitta, c'est envers lui, après les protestations polies des uns et des autres, que chacun exprima sa profonde gratitude.

Je n'étais pas content ! Voilà que je devrais lui rembourser la moitié de l'addition, que personne n'en saurait rien et que tous les remerciements auraient été pour lui !

Comme il n'aurait pas été délicat à ce moment-là de sortir mon argent pour régler notre petite affaire, je lui ai chuchoté – comment pouvais-je faire autrement ? – que je lui donnerai ma part lors de notre prochaine rencontre.

Dès que nous fûmes, Nicole et moi, sur le chemin du retour, je lui dis combien je trouvais la situation injuste. Elle me répondit alors que la véritable générosité était anonyme. J'ai eu, je le confesse, un peu de mal à l'admettre, mais cet événement m'a permis de vérifier si j'étais vraiment généreux. L'étais-je, d'ailleurs, avec moi-même ? Et quand je l'étais avec les autres, si c'était dans l'attente de quelque chose, que valait ma générosité, sinon rien ou pas grand-chose ? Quand je l'eus compris et, par la même occasion, quand j'eus admis que je pouvais donner sans rien attendre en retour, Nicole me proposa de remercier la vie pour la perfection de tout ce qui advient. Elle m'avait déjà fait cette suggestion à la sortie du restaurant mais, à ce moment-là, ma contrariété m'empêchait d'envisager quelque reconnaissance que ce fût envers une situation que je vivais comme fort désagréable. Néanmoins, le temps aidant et ma vision de la générosité ayant quelque peu évolué, c'est alors ce que je fis. Vint le jour d'une réunion de famille qui serait l'occasion de payer ma dette. C'était le début de l'automne, et au moment de m'habiller, j'ai pris, sur un cintre, un pantalon de demi-saison que je n'avais pas mis depuis le printemps précédent. En l'enfilant, j'ai senti qu'il y avait quelque chose dans une poche. J'y ai glissé ma main et, à mon grand étonnement, j'en ai ressorti plusieurs billets de banque. Ce n'était guère mon habitude de laisser de l'argent traîner dans mes habits, mais qui sait les tours que joue l'inconscient ? En chemin pour nous rendre chez les parents de Nicole, je lui racontai la surprise que ma garde-robe m'avait réservée, et elle applaudit des deux mains au fait que la gratitude est fort généreuse pour ceux qui la pratiquent. Mais le plus fort restait à venir.

Lorsqu'un peu plus tard, en effet, profitant d'être en tête à tête avec mon beau-frère, je lui ai demandé combien je lui devais, il a fouillé dans ses papiers pour en extraire la note du restaurant qui avait provoqué quelques remous en moi. Je n'en crus pas mes yeux. L'addition correspondait au centime près au double de la somme trouvée dans mon pantalon. Pas un de plus, pas un de moins, en sorte que payer ma dette ne me coûtait pas un sou !

C'était assez stupéfiant que mon inconscient ait su, six mois auparavant, qu'il me fallait oublier cet argent, pour le retrouver précisément ce jour-là, quand il ne comptait plus pour moi et que je remerciai la vie pour sa perfection.

Ce qu'ils en disent

Gotthold Ephraim Lessing : « Une simple pensée de gratitude dirigée vers le ciel est la plus parfaite des prières[1]. »

Alexandre Jollien : « Le défi de la gratitude est audacieux… Il rappelle l'essentiel : le bonheur est un état d'esprit et la gratitude est l'un de ses joyeux exercices[2]. »

Et si, en effet, vous vous placiez dans le remerciement, là, à l'instant ? Notre fille nous rappelle souvent que, lorsque au petit jour nous l'amenions à l'école alors qu'elle manifestait quelque mécontentement d'avoir été réveillée de bonne heure, nous lui chantions, en chemin, une chanson que les scouts connaissent bien : « Le matin, tout resplendit, tout chante, la terre rit, le ciel flamboie, et pour nous, qu'il pleuve, neige ou tonne, de tout temps, nous chantons notre joie », etc.

1. Gotthold Ephraim Lessing, *Minna von Barnhelm*, José Corti, coll. « Romantique », 1998.

2. Cité par Robert Emmons dans *Merci !*, préface, Belfond, 2008.

Exercice

Au cours des prochaines vingt-quatre heures, repérez toutes les raisons que vous avez de remercier. Laissez de côté tout ce qui ne va pas et concentrez-vous sur tout le reste.

Au réveil, remarquez que vous avez dormi dans un lit, au chaud, dans de bons draps douillets.

Est-ce que cela ne vaut pas un remerciement ?

Dans la salle de bains, là où le miroir vous renvoie votre image, là où, peut-être, vous faites quelques étirements, vous voyez tout ce qui fonctionne chez vous. Est-ce que cela ne vaut pas un remerciement ?

Et vous observez aussi qu'il y a de l'eau qui, magiquement, sort du robinet et du pommeau de votre douche. De l'eau ! Et chaude, en plus ! Est-ce que cela ne vaut pas un remerciement ?

À table, vous observez tout ce qui y est disposé. Est-ce que cela ne vaut pas un remerciement ?

Une fois que vous mettez le nez dehors, vous observez qu'il y a le ciel, le soleil, la lumière, des oiseaux peut-être, et de l'air sûrement. De l'air ! Est-ce que cela ne vaut pas un remerciement ?

Et vous continuez de voir les choses ainsi, toute la journée. Et les gens aussi. Est-ce que cela ne vaut pas un remerciement ?

Évidemment, cet exercice peut être renouvelé tous les jours de votre vie.

Au cours de mon premier voyage aux États-Unis, j'ai été – c'est Jacques qui tient la plume ici – ému aux larmes par quelques mots prononcés par le maître de maison avant d'entamer le repas. Nous attendions un « Bon appétit » ou un « *Enjoy !* » pour commencer à manger, en guise de quoi nous avons eu droit, sur un ton tout à la fois solennel et bienveillant, à quelque chose comme : « Nous cœurs sont emplis de gratitude pour le repas que nous allons prendre ensemble. Soyons aussi reconnaissants pour la joie que nous ressentons à partager l'abondance dont nous jouissons avec…, nos chers hôtes qui sont toujours bienvenus chez nous et à notre table. »

J'ai regretté, alors, que dans notre société laïque, il ne reste quasiment rien ni du bénédicité chrétien, ni du *Birkat hamazon* juif, ni du « *alhamdoulillah* » musulman et je me suis demandé pourquoi ne pas y réintroduire une expression laïque de la gratitude. Ce pourrait être en suivant l'exemple ci-dessus ou avec des mots à nous. Peu importe, pourvu que l'intention y soit.

Chiche ?

« Le souvenir reconnaissant de ce que l'on a perdu »

« La gratitude, écrit Comte-Sponville, se réjouit de ce qui a eu lieu ou de ce qui est[1]. » Évidemment, de tout ce qui a été et de tout ce qui est, voire, par anticipation, de tout ce qui sera.

De tout, sans exception, même si, par rapport à ce qui a été, son expression ne fait pas disparaître la cause de notre tristesse ou de notre deuil. « Il faut guérir le malheur, enseigne Épicure, par le souvenir reconnaissant de ce que l'on a perdu[2]. »

Le souvenir reconnaissant de ce que l'on a perdu ! N'est-ce pas magistral ?

Le souvenir reconnaissant de ce que l'on a perdu ! France Gall, durement éprouvée par la mort de Michel Berger et par celle de sa fille atteinte de mucoviscidose, a déclaré, lors d'une interview télévisée, peu après ces deux drames consécutifs, qu'elle était remplie de gratitude d'avoir eu le bonheur de partager la vie de ces deux êtres merveilleux pendant deux décennies. Quel dépassement ! Quelle sagesse ! Et quelle merveilleuse façon de se bien traiter !

N'est-ce pas, contrairement à ce que vous pourriez croire, un défi que vous pourriez relever vous-même ?

---

1. André Comte-Sponville, *Petit Traité des grandes vertus*, *op. cit.*, p. 182.
2. Épicure, *Sentences vaticanes*, 55.

CONCLUSION

« La vie la plus belle est celle
que l'on passe à se créer soi-même[1]. »

Natalie Clifford Barney

Alors, au terme de cet ouvrage, que décidez-vous ? De vous bien traiter, bien sûr ! De vous bien traiter en voyant combien, malgré les apparences contraires, la vie, au bout du compte, a voulu le meilleur pour vous.

Oui ? Non ? En fait, cela dépend de vous. Car c'est vous et nul autre que vous qui décidez. Vous puisqu'en définitive, la vie, c'est vous, même si la formulation suivant laquelle « la vie veut le meilleur pour vous », sous-titre de cet ouvrage, peut donner à penser qu'elle est extérieure à vous. La vie qui veut le meilleur pour vous, c'est vous.

Et, d'ailleurs, en tant que vous, il semble qu'elle a quelque chose à vous dire. L'entendez-vous ?

Je suis désolée, avoue-t-elle, désolée d'avoir dû utiliser les blessures, les maux, les déchirures, les drames, la douleur

1. Natalie Clifford Barney, *Éparpillements*, G. Pastre, coll. « Les Octaviennes », 1999.

et les deuils. Sincèrement désolée. Certes, je sais, il n'y a pas eu que cela dans ton existence. Il y a eu des joies, il y a eu des bonheurs, mais franchement, pour les tourments qui furent autant de souffrances, je suis désolée. Vraiment. Je m'en serais bien passée, crois-moi. J'aurais volontiers déroulé, au-devant de toi, un tapis de velours rouge, parsemé de pétales de roses, au-dessus duquel d'adorables chérubins auraient dressé une haie d'honneur. Mais cela aurait-il été bien raisonnable ? Imagine que j'aie procédé ainsi et que j'aie fait ce cadeau. Franchement, avec tout ce qu'il y avait dans tes bagages, tes croyances, tes préjugés, tes peurs et qui sait quoi encore, honnêtement, aurais-tu pu l'apprécier ? Non, bien sûr ! Je suis navrée, mais je ne pouvais pas faire autrement. Et comme je regrette, il te reste à me pardonner. Il te reste à te pardonner, surtout. À te pardonner de ne pas t'être mieux traité jusqu'à présent. Vraiment. À te pardonner, car tu as fait du mieux que tu pouvais. À te pardonner, car il n'y a de pardon qu'envers soi. À te pardonner afin de te « bientraiter », enfin.

Eh oui… vous « bientraiter » ! En acceptant ce qui est, simplement parce que ce qui est ne peut pas ne pas être. Vous bien traiter en tombant les masques des rôles que vous jouiez. Vous « bientraiter » en remerciant vos bonnes vieilles croyances et en renonçant à vouloir démontrer que, en toutes choses, vous aviez bien raison. Vous « bientraiter » en donnant congé à vos peurs infondées. Vous « bientraiter » encore en n'étant plus victime de rien ni de personne et en prenant, dès lors, l'entière responsabilité de ce qui vous arrive. Vous « bientraiter » encore en voyant la perfection de toutes choses jusqu'aux plus imparfaites.

Quoi donc, vous doutez que vous le puissiez ? Vous ne vous en sentez pas capable ? Vous croyez encore un peu que les choses sont ainsi et que vous n'y pouvez rien changer ? C'est normal ! Nous nous sommes tellement jugés depuis toujours, tellement sous-estimés, tellement diminués qu'il n'est pas évident d'inverser la tendance ! Pas évident de pousser la porte, cette porte, disait Jung, qui « ouvre sur un étroit sentier, d'abord anodin et facile à embrasser du regard – étroit et à peine marqué parce que bien peu seulement l'ont suivi –, mais qui mène au secret de la métamorphose et du renouveau[1] » ! Pas évident, mais si tentant, pourtant ! Si excitant ! Et si prometteur !

Car c'est alors, dit Guy Corneau, si vous poussez cette porte que « vous réaliserez que vos parents, vos enfants, vos patrons, vos amis… sont ceux dont vous aviez besoin pour évoluer… Vous réaliserez qu'ils vous ont poussé à devenir vous-même et vous les aimerez…[2] ». Et c'est alors, aussi, que plus encore, pour autant que vous n'en attendiez rien, la vie vous réservera le meilleur. Cette vie que vous pourrez, si vous le choisissez, décliner désormais en trois temps :

1° Je donne le meilleur de moi.
2° Le résultat ne m'appartient pas.
3° La vie veut le meilleur pour moi.

1. C. G. Jung, extrait d'une lettre parue dans *Correspondance*, t. 1, « 1906-1940 », Albin Michel, 1993.

2. Guy Corneau, *Victimes des autres, bourreau de soi-même*, *op. cit.*

REMERCIEMENTS

Ce n'est pas lorsqu'elle nous a confrontés à des épreuves que la vie a voulu le meilleur pour nous. C'est aussi, notamment, lorsqu'elle nous a fait croiser la route des belles personnes qui ont participé à l'aventure dont ce livre a été l'occasion, et spécialement Odile Chabrillac, Denis Bouchain, Christophe Rémond et Grégory Berthier-Saudrais. C'est grâce à leur travail éditorial, à leur enthousiasme, à leur rigueur et à leur expertise que cet ouvrage a pu voir le jour. Nous vous exprimons ici, à vous quatre, toute notre reconnaissance.

Nous voulons aussi remercier notre amie Victoire Theismann qui a marqué de son impulsion le départ de notre entreprise. Sans toi, Victoire, il est probable que le projet de cet essai n'aurait pas abouti.

Notre gratitude va également à celles et ceux qui, au cours des années passées, ont constitué l'auditoire bienveillant du brouillon de nos idées. Merci infiniment à vous les étudiants, vous les patients, vous les participants à nos séminaires, vous les fidèles du festival « Une autre façon d'aimer », vous les amis, vous les parents, vous les enfants, merci pour vos partages, pour vos questions, pour vos doutes et pour vos critiques. Votre exigence a été notre moteur.

Et pour terminer de la même façon que nous avons commencé, pour toutes les couleurs qu'elle nous a fait voir, qu'elle nous fait voir et qu'elle nous fera voir, nous disons un immense merci…

… à la vie.

TABLE

CET OUVRAGE
A ÉTÉ ACHEVÉ D'IMPRIMER
SUR ROTO-PAGE
PAR L'IMPRIMERIE FLOCH
À MAYENNE EN OCTOBRE 2024

Pour plus d'information :
www.lisez.com
Imprimé sur du papier issu de forêts gérées durablement.

N° d'impression : 105803
N° d'édition : P32063/01
Imprimé en France